COLEÇÃO

INTELIGÊNCIA ARTIFICIAL

O GLOSSÁRIO DEFINITIVO DA INTELIGÊNCIA ARTIFICIAL PARTE 2 – de E a M

Prof. Marcão – Marcus Vinícius Pinto

Aviso de isenção de responsabilidade:

ISBN: **9798343308358**

Selo editorial: Independently published

Sumário

Seja bem-vindo!

Vivemos em uma era na qual a Inteligência Artificial (IA) está remodelando praticamente todos os aspectos da sociedade. De decisões automatizadas a recomendações personalizadas, a IA não apenas permeia nossas vidas, mas também cria uma nova realidade na forma como interagimos com a tecnologia.

Diante dessa rápida evolução, compreender o vocabulário essencial da IA se tornou uma habilidade crucial para profissionais de diversas áreas.

É com essa necessidade em mente que apresento O Glossário Definitivo da Inteligência Artificial - Parte 2, parte da coleção Inteligência Artificial: O Poder dos Dados, disponível na Amazon.

A coleção foi criada com o objetivo de ser um guia acessível e completo para aqueles que desejam dominar o vasto universo de termos técnicos e conceitos fundamentais da IA.

Este segundo volume expande os conhecimentos do primeiro, abordando de maneira clara e precisa os termos que começam com as letras E a M, trazendo definições aprofundadas e aplicações práticas.

O glossário foi cuidadosamente estruturado para fornecer ao leitor a capacidade de entender, aplicar e refletir sobre o impacto de cada conceito nas mais diversas áreas, da indústria ao desenvolvimento de políticas públicas.

Os volumes que compõem o Glossário é destinado a uma ampla gama de profissionais, refletindo a natureza multidisciplinar da IA:

Profissionais de tecnologia: Desenvolvedores, engenheiros de software, cientistas de dados e arquitetos de sistemas encontrarão neste glossário uma ferramenta valiosa para expandir seu vocabulário técnico e refinar sua compreensão das tecnologias que utilizam no dia a dia.

Gestores e líderes empresariais: Para aqueles que lideram a transformação digital em suas empresas, entender os termos e conceitos da IA é essencial para tomar decisões estratégicas e implementar soluções que otimizem processos e aumentem a competitividade.

Estudantes e acadêmicos: Seja como suporte para pesquisas ou como guia de estudo, este livro oferece uma base sólida para aprofundar o entendimento dos principais conceitos que fundamentam a IA.

Políticos, reguladores e profissionais de políticas públicas: Com a IA impactando setores críticos, desde a economia até a segurança, este glossário fornece a compreensão necessária para criar regulamentos justos e eficientes, garantindo a governança ética da tecnologia.

Um dos pilares da Inteligência Artificial, explorado em profundidade neste glossário, é o papel dos dados. Dados são a essência da informação, e a informação, por sua vez, é a base sobre a qual todo o conhecimento gerado pela IA se constrói.

Sem dados, a IA é uma tecnologia vazia, incapaz de gerar valor. São os dados, corretamente coletados e analisados, que permitem que os sistemas de IA aprendam, evoluam e façam previsões que impactam áreas como medicina, finanças e segurança pública.

A complexidade da IA é vasta, mas com a compreensão correta, você estará preparado para explorar as inúmeras oportunidades que essa tecnologia oferece.

Este volume é parte de uma coleção maior, "Inteligência Artificial: O Poder dos Dados", com 49 volumes que exploram, em profundidade, diferentes aspectos da IA e da ciência de dados.

Os demais volumes abordam temas igualmente cruciais, como a integração de sistemas de IA, a análise preditiva e o uso de algoritmos avançados para tomada de decisões.

Ao adquirir e ler os demais livros da coleção, disponíveis na Amazon, você terá uma visão holística e profunda que permitirá não só otimizar a governança de dados, mas também potencializar o impacto da inteligência artificial nas suas operaçõesBoa leitura!

Bons aprendizados!

Prof. Marcão - Marcus Vinícius Pinto

Mestre em Tecnologia da Informação
Especialista em Tecnologia da Informação.
Consultor, Mentor e Palestrante sobre Inteligência Artificial,
Arquitetura de Informação e Governança de Dados.
Fundador, CEO, professor e
orientador pedagógico da MVP Consult.

1 Letra E.

1. Early Stopping - Uma técnica usada para interromper o treinamento de um modelo de aprendizado de máquina assim que o desempenho em um conjunto de validação começa a deteriorar-se, impedindo assim o overfitting.

2. Ecosystem Services Mapping - Mapeamento e quantificação dos serviços fornecidos pelos ecossistemas à humanidade, como purificação do ar e água, usando técnicas geoespaciais para auxiliar na conservação biodiversidade.

3. Edge AI - Computação de IA distribuída que processa dados na fonte ou perto dela, reduzindo latência e dependência em conexões de cloud.

4. Educação do Usuário Focada na Privacidade - Programas e iniciativas que visam informar os usuários sobre como proteger seus dados pessoais, uma forma de proteção proativa da privacidade.

5. eGRC - Enterprise Governance, Risk, and Compliance, uma estrutura para gerenciar a governança geral da organização, o gerenciamento de riscos corporativos e a conformidade com regulamentos.

6. Eigenfaces - Técnica de reconhecimento facial que utiliza análise de componentes principais para converter imagens faciais em um conjunto reduzido de características para facilitar a classificação.

7. ELECTRA - Efficiently Learning an Encoder that Classifies Token Replacements Accurately (Aprendendo de Forma Eficiente um

Codificador que Classifica Substituições de Tokens de Forma Precisa).

8. Element AI - Empresa de pesquisa e desenvolvimento em inteligência artificial, com sede em Montreal, Canadá.

9. ELIZA - Programa de processamento de linguagem natural criado por Joseph Weizenbaum em 1966, um dos primeiros chatbots. Criado parar demonstrar uma NLP primitiva ao simular uma conversa.

10. ELMO - Embeddings from Language Models (Incorporações de Modelos de Linguagem).

11. Email Encryption - The process of encrypting, or disguising, the content of email messages to prevent potentially sensitive information from being read by anyone other than intended recipients.

12. Embedding Layer - Uma camada de uma rede neural que aprende a representar dados categóricos como vetores densos de baixa dimensão e é comumente usada em problemas de NLP.

13. Embedding Learning - Treinamento de modelos para mapear entidades de alta dimensão, como palavras ou imagens, em um espaço contínuo de baixa dimensão, de forma significativa e útil para a tarefa em questão.

14. Embedding Matrix - Em NLP, uma matriz contendo vetores de embedding para palavras, usada para reduzir a dimensionalidade e capturar relações semânticas complexas.

15. Embedding Space - O espaço vetorial de alta dimensão no qual as representações de embedding, como palavras ou imagens, são mapeadas.

16. Embeddings - Representação de dados categóricos, como palavras ou itens, como vetores densos em um espaço contínuo, comumente usado em modelos de processamento de linguagem natural.

17. Emotion AI - O campo de IA focado em detectar e interpretar expressões humanas e emoções, dando origem a aplicações em vários campos, como marketing e segurança automotiva.

18. Emotion Detection - Análise de texto que identifica e classifica as emoções expressas, como alegria, tristeza, raiva, etc.

19. Emotion Detection in Conversational Agents - Detecção de emoção em texto ou fala para melhorar a habilidade de agentes conversacionais de responder de maneira apropriada ao estado emocional do usuário.

20. Emotion Recognition - Avanço tecnológico que permite que sistemas de IA identifiquem e reajam a sinais emocionais humanos em aplicações que vão de marketing a saúde mental.

21. Emotion Recognition in Text-to-Speech Systems - Reconhecimento de emoção em sistemas de texto para fala, permitindo a produção de áudio que capture variações emocionais presentes no texto original.

22. Emotion-Centric Information Retrieval - Recuperação de informações baseada em emoções, permitindo que os

usuários busquem conteúdo alinhado ao estado emocional desejado ou atual.

23. Encoding - O processo de conversão de informação em um formato que pode ser armazenado e processado por uma máquina de Turing, semelhante ao trabalho de codificação de dados para IA.

24. Encryption Key Management - A administração de tarefas envolvidas com a proteção, armazenamento, backup e organização de chaves de criptografia.

25. End-to-End Learning - Abordagem de aprendizado de máquina onde um modelo é treinado para aprender diretamente a mapear entradas brutos para saídas finais, otimizando todo o processo de processamento sem necessidade de etapas intermediárias manuais ou modulares de engenharia de características.

26. Engenharia de recursos - O processo de usar o conhecimento de domínio dos dados para criar recursos que fazem os algoritmos de aprendizado de máquina funcionarem.

27. ENIAC - Electronic Numerical Integrator And Computer - Computador Integrador Numérico Eletrônico - Foi o primeiro computador digital eletrônico de grande escala.

Muitos comentam que o primeiro foi o Mark I, mas este era apenas eletromecânico. O ENIAC entrou em funcionamento em fevereiro de 1946 pelas mãos dos cientistas norte-americanos John Eckert e John Mauchly, da Electronic Control Company.

O ENIAC começou a ser desenvolvido em 1943 durante a II Guerra Mundial para computar trajetórias táticas que exigiam conhecimento substancial em matemática com mais agilidade, mas só se tornou operacional após o final da guerra.

Sua capacidade de processamento era suficiente apenas para realizar 5.000 adições, 357 multiplicações ou 38 divisões por segundo - o que era considerado muito rápido na época.

Criado na segunda guerra, tinha como principal finalidade cálculos balísticos. Possuía cerca de 18 000 válvulas termiônicas, de 160 kW de potência. O "sistema operacional" da máquina era através de cartões perfurados manualmente por funcionários do exército.

A calculadora efetua os cálculos a partir das teclas pressionadas, fazendo interação direta com o hardware. No ENIAC, era preciso conectar fios, relês e sequências de chaves para que se determinasse a tarefa a ser executada. A cada tarefa diferente o processo deveria ser refeito. A resposta era dada por uma sequência de lâmpadas.

Embora tenha sido um marco importante na sua época, o ENIAC possuía uma capacidade operacional inferior à de qualquer calculadora de mão vendida atualmente.

28. Enigma Machine - Dispositivo de criptografia que Turing ajudou a decifrar durante a Segunda Guerra Mundial, demonstrando a aplicabilidade prática de conceitos computacionais.

29. Ensacamento - Um método em algoritmos de conjunto que melhora a estabilidade e precisão de algoritmos de aprendizado de máquina, particularmente árvores de decisão.

30. Ensemble Averaging - Uma técnica que combina as previsões de vários modelos diferentes para produzir uma previsão final, frequentemente resultando em melhor desempenho do que qualquer modelo individual.

31. Ensemble Learning - O processo de usar múltiplos algoritmos de aprendizagem para obter melhor desempenho preditivo do que poderia ser obtido de qualquer um dos algoritmos de aprendizagem constituintes sozinho.

32. Ensemble Methods - Técnicas que criam múltiplos modelos e os combinam para produzir uma saída melhorada.

33. Ensemble Techniques - Utilização de múltiplos modelos de aprendizado para obter melhores resultados do que poderiam ser obtidos de qualquer modelo individual.

34. Entity Extraction - Processo em NLP de identificar e classificar entidades nomeadas em texto, como pessoas, locais e organizações.

35. Entity Linking - Processo de ligar entidades nomeadas identificadas em texto a uma base de conhecimento ou banco de dados relevante.

36. Entity Linking to Knowledge Bases - O processo de conectar entidades nomeadas detectadas em um texto a entradas correspondentes em bases de conhecimento externas, como a Wikipedia ou bases de dados especializadas.

37. Entity Recognition - Processo de identificar e classificar entidades nomeadas, como pessoas, locais e organizações, em

textos, uma tarefa comum no processamento de linguagem natural (NLP).

38. Entity Recognition and Disambiguation (ERD) - Tarefa dupla em NLP que envolve reconhecer entidades no texto e esclarecer a quais entidades do mundo real esses termos se referem.

39. Entity Recognition in Noisy Text - Reconhecimento de entidades nomeadas em textos com erro ou gramática incorreta, como mensagens de texto ou postagens em mídias sociais com abreviações e jargão.

40. Entity Resolution - Tarefa de determinar quando diferentes referências ou menções textualmente distintas se referem à mesma entidade do mundo real.

41. Entity Type Classification - Processo de categorização de entidades nomeadas reconhecidas em um texto para tipos específicos, como pessoas, locais, organizações, entre outros.

42. Entity-centric Search - Pesquisa focada em entidades onde os usuários procuram informações específicas sobre pessoas, organizações, locais, etc., requerendo a extração e o agrupamento de informações de entidades a partir de várias fontes de dados.

43. Environmental Monitoring - Utilização de tecnologias de geoprocessamento e IA para acompanhar mudanças ambientais, avaliar impactos e promover a gestão sustentável dos recursos naturais.

44. Episodic Memory - Componente de sistemas de IA que permite armazenar e recuperar experiências anteriores, baseando-se na noção de memória episódica em seres humanos.

45. E-Privacy Directive - Regulamento da UE em matéria de privacidade e comunicações eletrónicas.

46. Erasure Code - Um método de proteção de dados no qual os dados são divididos em fragmentos, expandidos e codificados com partes de dados redundantes e armazenados em um conjunto de locais diferentes.

47. Error Analysis in Machine Translation - Análise de erros em tradução automática para identificar padrões de erros comuns e melhorar a qualidade das traduções através da ajuste de modelos.

48. Ethical Guidelines in NLP - Desenvolvimento e implementação de diretrizes éticas para o uso do processamento de linguagem natural, envolvendo questões de privacidade, transparência e uso responsável de dados.

49. Ethics Guidelines for Trustworthy AI - A União Europeia publicou diretrizes em 2019, buscando estabelecer padrões para garantir IA confiável, segura e ética.

50. Ethics of Automated Content Generation - Questões éticas referentes à geração automatizada de conteúdo, incluindo preocupações com a autoria, originalidade e potenciais usos enganosos ou manipulativos da tecnologia de NLP.

51. Ethnographic Analysis via NLP - Análise etnográfica que usa NLP para estudar práticas culturais e sociais por meio da análise de comunicação textual em fóruns online e redes sociais.

52. Ética de Dados - Ramo da ética que estuda e avalia problemas morais relacionados a dados, algoritmos e práticas correspondentes, para fornecer soluções moralmente sólidas.

53. ETL - Extract, Transform, Load, O ETL, sigla em inglês para Extração, Transformação e Carregamento, é um processo crucial no gerenciamento de dados, especialmente em data warehousing.

Ele funciona como uma engrenagem essencial para integrar dados de diversas fontes, moldá-los de acordo com as necessidades da análise e armazená-los de forma organizada e acessível em um repositório centralizado.

Mas como o ETL funciona na prática?

1. Extração: a jornada começa com a extração dos dados de suas fontes de origem. Isso pode incluir bancos de dados transacionais, sistemas de arquivos, APIs, feeds de dados online e até mesmo mídias sociais.
O objetivo é capturar todos os dados relevantes para a análise, garantindo integridade e confiabilidade.

2. Transformação: em seguida, os dados extraídos passam por um processo de transformação. Nessa etapa, os dados são limpos, padronizados e formatados para atender aos requisitos do data warehouse.

Isso pode envolver:

- Limpeza de dados: remoção de inconsistências, erros e valores duplicados.

- Padronização de formatos: converter dados em um formato consistente, como datas, números e unidades de medida.

- Agregação de dados: resumir dados em níveis mais altos, como totais mensais ou anuais.

- Enriquecimento de dados: combinar dados de diferentes fontes para criar informações mais completas.

- Derivação de dados: criar novos campos de dados com base em cálculos e regras de negócio.

A etapa de transformação garante que os dados estejam no formato ideal para análise, facilitando a extração de insights relevantes.

3. Carregamento: finalmente, os dados transformados são carregados no data warehouse. Esse processo deve ser eficiente e seguro para evitar perda de dados ou corrupção.

   O data warehouse armazena os dados de forma organizada e estruturada, pronto para serem acessados por ferramentas de análise e business intelligence.

Benefícios do ETL:

- Melhora na qualidade dos dados: O ETL garante que os dados sejam limpos, consistentes e confiáveis, o que é crucial para análises precisas e confiáveis.

- Integração de dados: O ETL permite integrar dados de diversas fontes em um único repositório, facilitando a visualização e análise conjunta de dados de diferentes áreas da empresa.

- Acesso facilitado aos dados: O data warehouse, alimentado pelo ETL, fornece um ambiente centralizado para acesso e consulta de dados, facilitando o trabalho de analistas e tomadores de decisão.

- Suporte à tomada de decisões: Dados de alta qualidade e facilmente acessíveis permitem que empresas tomem decisões mais embasadas e estratégicas.

- Redução de custos: O ETL pode reduzir custos com armazenamento e análise de dados, otimizando o uso de recursos computacionais.

Ferramentas de ETL:

- Diversas ferramentas de ETL estão disponíveis no mercado, oferecendo recursos e funcionalidades variadas para atender às necessidades específicas de cada empresa.

- Algumas opções populares incluem:

    - Talend Open Studio - Uma ferramenta de código aberto com recursos abrangentes para extração, transformação e carregamento de dados.

- Informatica PowerCenter - Uma ferramenta comercial robusta com suporte para diversos tipos de fontes de dados e destinos.

- IBM InfoSphere DataStage - Uma ferramenta escalável e flexível para grandes projetos de ETL.

- Oracle Data Integrator - Uma ferramenta integrada ao pacote Oracle de banco de dados.

- Microsoft Azure Data Factory - Uma ferramenta baseada em nuvem para integração de dados e ETL.

54. EUDPR - European Union Data Protection Regulation, um conjunto de regulamentos para melhorar e unificar a proteção de dados dos cidadãos da UE.

55. Evaluation of NLP Explanations - Avaliação de quão bem as explicações geradas por sistemas de NLP ajudam os usuários a entender e confiar nas saídas do sistema.

56. Event Coreference Resolution - Resolução de referências que apontam para o mesmo evento em diferentes partes do texto ou entre textos, ajudando na consolidação da informação de eventos.

57. Event Detection and Tracking - Identificação e acompanhamento de eventos mencionados em textos, úteis para monitoramento de notícias e inteligência de mercado.

58. Event Schema Induction - Indução de esquemas de evento a partir de texto, que estabelece protótipos de eventos comuns e suas características, essenciais para análise automática de notícias e relatórios.

59. Evolutionary Algorithms - Algoritmos que usam técnicas de evolução natural como mutação, recombinação e seleção para resolver problemas de otimização.

60. Expert Systems - Sistemas de IA que emulam a tomada de decisão de um especialista humano em campos específicos. Surgiram na década de 1970, sistemas que simulam raciocínio de especialistas em campos específicos.

61. eXplainability. Aspecto da inteligência artificial que se refere à capacidade de explicar os processos e decisões de um modelo de forma compreensível.

62. Explainable AI (XAI) - Subcampo da AI que se concentra em tornar os resultados dos modelos de aprendizado de máquina compreensíveis para os humanos.

63. Explainable Boosting Machine - Modelo de aprendizado de máquina que combina árvores de decisão com um aumento gradativo de maneira a serem mais interpretáveis sem comprometer a performance.

64. eXplainable System Design - Desenvolvimento de sistemas de IA com uma camada adicional que fornece justificativas ou descrições compreensíveis das suas operações e decisões.

65. Explanation-Based Learning - Abordagem de IA que aprende a partir de uma única instância ou exemplo, construindo uma explicação geral a partir do caso específico.

66. Exploratory Data Analysis (EDA) - Abordagem analítica que visa sumarizar as principais características dos dados,

frequentemente com visualizações, para identificar padrões, anomalias e testar hipóteses.

67. Exploratory Spatial Data Analysis (ESDA) - Abordagem para entender a distribuição e padrões dos dados geoespaciais, envolvendo a visualização e a estatística descritiva.

68. Extração de Entidades - Processo de identificação e classificação de elementos-chave do texto em categorias pré-definidas, como nomes de pessoas, organizações, locais, expressões de tempos etc.

69. Extração de recursos - O processo de transformar dados brutos em recursos numéricos que podem ser processados, reduzindo a quantidade de informações redundantes nos dados.

70. Extraction of Semantic Relations - Extração de relações semânticas entre entidades e conceitos em um texto, que pode auxiliar na construção de bases de conhecimento e grafos semânticos.

71. Extraction of Sociolinguistic Variables - Extração de variáveis sociolinguísticas a partir de texto, como indicadores de idade, gênero, região geográfica e nível socioeconômico, com implicações para pesquisas em sociolinguística e marketing.

72. Extractive Text Summarization - Sumarização de texto que seleciona frases ou trechos importantes diretamente do texto fonte, criando um resumo que preserva os pontos principais e a informação essencial.

73. eXtreme Gradient Boosting (XGBoost) - Implementação eficiente e escalável do algoritmo Gradient Boosting, que se destaca pelo seu desempenho em competições de dados e aplicações práticas.

74. Letra F.

1. F1 Score - Métrica harmônica média de precisão e recall, proporcionando uma única pontuação que equilibra ambas as métricas, especialmente útil em dados com classes desequilibradas.

2. Facebook AI Research (FAIR) - Divisão de pesquisa em inteligência artificial do Facebook, sediada em Menlo Park, Califórnia, EUA.

3. Facial Recognition - Reconhecimento facial é uma técnica de identificação de pessoas a partir dos traços de seus rostos. Ela usa, portanto, a biometria facial para identificar a face com precisão, sem que haja confusão entre pessoas parecidas ou até gêmeas.

   O sistema pode identificar indivíduos em fotos e vídeos, mas também em tempo real, como é o caso do desbloqueio de smartphones.

4. Facial Recognition Technology - Tecnologia de IA que experimentou crescimento e controvérsia significativos ao longo dos anos 2010, usada em aplicativos que vão desde smartphones até vigilância.

5. Fact Verification - A verificação de declarações e afirmações feitas dentro de um texto contra conhecimento factual armazenado em bancos de dados ou disponível em fontes confiáveis, para confirmar a veracidade dessas informações.

6. Fairness in AI - O reconhecimento e endereçamento de preconceitos e discriminação em sistemas de IA, que se

tornaram pontos de discussão importantes à medida que o campo amadureceu.

7. Fairness Metrics - Conjunto de métricas usadas para avaliar a equidade de modelos de aprendizado de máquina em termos de como eles tratam diferentes grupos de indivíduos.

8. Fake News Detection and Mitigation - Detecção e mitigação de notícias falsas usando NLP para identificar conteúdo potencialmente enganoso e combater a disseminação de desinformação.

9. Feature Disentanglement - O processo de modificar a representação aprendida de dados de tal forma que diferentes fatores variacionais sejam desacoplados e, portanto, mais interpretáveis.

10. Feature Engineering - Criação de novas características com base em variáveis existentes para melhorar o desempenho dos modelos. Processo de selecionar, modificar e criar características a serem usadas em modelos de aprendizado de máquina.

11. Feature Extraction - Processo de identificar e selecionar as características mais importantes dos dados de entrada para serem utilizadas na construção de modelos de aprendizado de máquina.

12. Feature Importance - Avalia quais características são mais significativas para as decisões de um modelo, podendo informar às etapas de pré-processamento e a seleção de características.

13. Feature Importance Techniques - Métodos, como o Permutation Importance e o SHAP (SHapley Additive exPlanations), que ajudam a explicar o papel das características individuais na determinação das previsões do modelo.

14. Feature Normalization - Prática de ajustar a escala de características para que tenham propriedades estatísticas consistentes, como média zero e variância unitária.

15. Feature Scaling - Feature Scaling, ou Escalonamento de Características, é uma técnica usada no pré-processamento de dados para normalizar o intervalo das variáveis independentes ou características (features) dentro de um conjunto de dados.

    O objetivo desta técnica é garantir que as características tenham o mesmo nível de magnitude, o que é importante para algoritmos que calculam distâncias ou que são sensíveis a variações de escala, como algoritmos de aprendizado de máquina baseados em gradiente descendente, k-means, ou máquinas de vetores de suporte (SVMs).

    Sem feature scaling, uma característica com um intervalo amplo de valores pode dominar o processo de aprendizado, resultando em um modelo de aprendizado de máquina que não performa de forma ideal.

    Aqui estão algumas das técnicas comuns para escalonamento de características:

    1. Normalização (Min-Max Scaling). Esta técnica reajusta as características para que os seus valores estejam dentro do intervalo [0,1], onde o mínimo e o máximo são os valores da característica a ser escalonada. A fórmula é a seguinte.

$$X' = \frac{X - X_{min}}{X_{max} - X_{min}}$$

Onde X é o valor original, X' é o valor normalizado, e X_{min} e X_{max} são o mínimo e o máximo valor observados da característica, respectivamente.

2. Padronização (Z-score Normalization). Nesta técnica, os dados são escalonados de modo que eles tenham uma média de 0 e um desvio padrão de 1. A fórmula da padronização é.

$$Z = \frac{X - \mu}{\sigma}$$

Onde X é o valor original, Z é o valor padronizado, μ é a média dos valores da característica, e σ é o desvio padrão.

3. Escala de unidade de comprimento (Normalização L2). Este método é usado para redimensionar a característica para que a soma dos quadrados seja igual a 1 (como um vetor de comprimento 1 em álgebra linear).

4. Robust Scaler. Esta técnica é semelhante à padronização, mas ao invés de usar a média e o desvio padrão, ela usa a mediana e o intervalo interquartílico (IQR). Isso a torna robusta a outliers. A fórmula é.

$$X' = \frac{X - Mediana}{IQR}$$

Onde X é o valor original, X' é o valor escalonado, e IQR é o intervalo interquartílico, que é a diferença entre o terceiro quartil (Q3) e o primeiro quartil (Q1).

5. MaxAbsScaler. Escalona cada característica dividindo pelo valor máximo absoluto nessa característica. Todos os valores estão no intervalo [-1, 1]. Esta técnica é particularmente útil para dados que já estão centrados em zero ou são esparsos (muitos zeros).

6. Normalização da Quantile (ou Escalonamento da Quantile). Transforma as características para seguir uma distribuição uniforme ou normal com base em quantis, garantindo que as características sejam distribuídas uniformemente entre os valores sem serem influenciadas por outliers.

A escolha da técnica de feature scaling depende do contexto e da natureza dos dados, bem como do algoritmo de aprendizado de máquina utilizado.

Por exemplo, a padronização é geralmente preferida para algoritmos que assumem que as características são normalmente distribuídas, enquanto a normalização (Min-Max Scaling) é muitas vezes utilizada para modelar algoritmos sensíveis a variáveis dimensionadas diferentemente, como redes neurais.

Feature scaling é uma etapa crítica em muitos fluxos de trabalho de aprendizado de máquina e pode fazer uma diferença significativa na performance e na estabilidade dos modelos preditivos.

É importante notar que, após a aplicação do feature scaling, pode ser necessário aplicar o mesmo processo de escalonamento aos novos dados antes de fazer previsões usando um modelo treinado.

16. Feature Subset Selection - O processo de identificar e selecionar um grupo de características relevantes para utilizar em modelos de aprendizado de máquina.

17. Feature-based NLP - NLP que envolve a construção de modelos com base em recursos linguísticos extraídos de texto, contrastando com abordagens baseadas exclusivamente em aprendizado profundo ou representações distribuídas.

18. Federated Learning - Técnica de aprendizado de máquina onde o modelo é treinado em múltiplos dispositivos descentralizados, melhorando a privacidade dos dados.

19. FHE - Fully Homomorphic Encryption, permite a computação em dados de texto simples enquanto os dados estão em um estado criptografado, melhorando a privacidade da computação em nuvem.

20. Field Survey - Coleta de dados diretamente no local de interesse, a qual é muitas vezes facilitada e aprimorada pelo uso de tecnologia geoespacial, como o GPS.

21. Figurative Language Processing - Reconhecimento e interpretação de linguagem figurativa como metáforas, similes e metonímias, o que é desafiador devido à natureza não literal de tais expressões.

22. Filtragem Colaborativa - Um método para prever os interesses de um usuário coletando preferências de muitos usuários.

23. Fine-Grained Entity Typing - Classificação de entidades nomeadas em subcategorias muito específicas, o que permite

uma compreensão mais detalhada das entidades e suas relações.

24. Fine-Tuning - Ajuste adicional de um modelo pré-treinado para adaptá-lo a uma tarefa específica, muitas vezes com um conjunto de dados menor.

25. Finite State Machine (FSM) - Modelo de computação onde um dispositivo pode estar em um de um número finito de estados, inspirado nas ideias de máquinas de Turing, crítico na teoria da IA.

26. FlauBERT - French Language Model BERT (Modelo de Linguagem em Francês BERT).

27. Flood Modeling - Uso de dados geoespaciais e modelos de computação para prever áreas de inundação e auxiliar no planejamento de respostas a enchentes.

28. Floresta Aleatória - Um método de aprendizagem de conjunto para classificação, regressão e outras tarefas que opera construindo uma infinidade de árvores de decisão no momento do treinamento e saindo da classe que é o modo das aulas ou previsão média das árvores individuais.

29. Focal Loss - Função de perda projetada para endereçar desequilíbrios de classe em problemas de detecção de objetos, dando mais peso a exemplos difíceis ou mal classificados.

30. Frame Problem - Dilema filosófico e técnico na IA sobre como máquinas podem lidar com o vasto número de

consequências irrelevantes ao tomar decisões, proposto nos anos 60.

31. Frame Semantics - A aplicação de semântica de quadros no NLP que visa capturar o conhecimento do mundo e as relações semânticas por meio de cenários ou "frames" que descrevem tipos de situações ou eventos e os participantes envolvidos.

32. FTC - Federal Trade Commission, Agência dos EUA que aplica leis e regulamentos de privacidade.

33. Funções de perda - Um método de avaliar quão bem algoritmo específico modela os dados.

34. Function Approximation - Tarefa em IA e aprendizado de máquina onde se tenta aproximar uma função desconhecida a partir de dados de entrada e saída; algo que as máquinas de Turing foram idealizadas para abordar de maneira geral.

35. Fusão de dados - A integração de várias fontes de dados para produzir informações mais consistentes, precisas e úteis do que as fornecidas por qualquer fonte de dados individual.

36. Fusão de Dados Multimodais - Integração de dados de diferentes modalidades, como imagens, texto e informações sensoriais, para uma melhor interpretação geoespacial.

37. Fuzzy Logic - Sistema lógico que pode lidar com informações vagas ou incertas, estendendo o conceito tradicional de lógica binária para abarcar graus de verdade e falsidade.

38. Fuzzy Logic in GIS - Aplicação da lógica fuzzy em análises geográficas para lidar com dados que têm incerteza ou imprecisão inerente.

2 Letra G.

1. Game Narrative Analysis and Generation - Análise e geração da narrativa dentro de jogos digitais, buscando produzir experiências de jogo mais ricas e envolventes.

2. GAN - Generative Adversarial Network (Rede Generativa Adversarial), tipo de rede neural onde duas redes são treinadas simultaneamente em um jogo competitivo.

3. GAN Art - A utilização de Redes Generativas Adversariais para criar obras de arte, ilustrando um aplicativo criativo de IA a partir da década de 2010.

4. Ganho de Informação - Métrica que mede a redução esperada da entropia – desorganização ou impureza – nos dados antes e depois de uma transformação.

5. GANs (Generative Adversarial Networks) - Introduzido por Ian Goodfellow e colaboradores em 2014, um novo e poderoso tipo de modelo generativo de IA.

6. Gated Recurrent Unit (GRU) - Variação de rede neural recorrente que usa mecanismos de atualização e redefinição para capturar dependências temporais de diferentes escalas.

7. Gender Bias Detection - Detecção de preconceitos de gênero em textos e em algoritmos de NLP, com o objetivo de promover a equidade e reduzir a discriminação linguística.

8. General Data Protection Regulation (GDPR) - Regulamentação da UE que implica requisitos de privacidade de dados e tem impactos significativos na coleta e uso de dados pela IA.

9. Generalização do modelo - A capacidade de um modelo de aprendizado de máquina de ter um bom desempenho em dados novos e inéditos que não foram usados durante o treinamento do modelo.

10. Generalization - Capacidade de um modelo de aprendizado de máquina de realizar bem em novos, dados não vistos.

11. Generative Adversarial Networks (GANs) - Estrutura de aprendizado de máquina em que duas redes neurais, uma generativa e outra discriminativa, competem entre si para gerar dados novos que são indistinguíveis dos reais.

12. Generative Models - Modelos de aprendizado de máquina que podem aprender a gerar novas amostras de dados que se assemelham ao conjunto de dados de treino, como o GAN (Generative Adversarial Network) e o VAE (Variational Autoencoder).

13. Generative Pretraining - Abordagem no treinamento de modelos de aprendizado de máquina em que um modelo generativo é pré-treinado em um conjunto de dados não rotulados para aprender boas representações antes do treinamento supervisionado para uma tarefa específica.

14. Genetic Algorithms - Algoritmos de busca e otimização inspirados pela seleção natural, usados para resolver problemas complexos por meio de estratégias evolutivas ação de diferentes seções e observando o impacto na saída do modelo.

15. Genetic Programming - Um tipo de evolução algorítmica que evolui programas ou expressões de alto nível para resolver,

automaticamente, problemas ou otimizar tarefas específicas, usando mecanismos inspirados na evolução biológica.

16. Geo-Analytics as a Service (GAaaS) - Provisionamento de análises geoespaciais como um serviço online, permitindo que usuários acessem ferramentas avançadas de geoprocessamento através da internet.

17. Geocaching - Atividade de caça ao tesouro ao ar livre que utiliza GPS ou redes neurais para encontrar objetos escondidos com base em suas coordenadas geográficas.

18. Geocodificação - Processo de converter endereços ou outros descritores de localização em coordenadas geográficas.

19. Geofencing - O uso de tecnologia GPS ou RFID para criar um limite geográfico virtual, desencadeando uma resposta se um dispositivo autorizado entrar ou sair daquela área, com implicações para a privacidade do usuário.

20. Geoffrey Hinton - Um dos principais pesquisadores no renascimento das redes neurais na década de 2000, chamado "padrinho do deep learning".

21. Geomatics - Campo disciplinar que envolve a coleta, processamento e entrega de informações geográficas, integrando áreas como cartografia, topografia, fotogrametria e SIG.

22. Geoprocessamento em Tempo Real - Uso de tecnologias e algoritmos de IA para processar e analisar dados geográficos assim que estes se tornam disponíveis, permitindo respostas mais rápidas e tomadas de decisão informadas.

23. Georeferenciamento - Processo de alinhar informações geográficas a locais exatos na Terra utilizando coordenadas de referência.

24. Geospatial Artificial Neural Networks (GeoANN) - Redes neurais artificiais projetadas para capturar padrões e correlações em dados espaciais ou temporais.

25. Geospatial Business Intelligence - Utilização de dados geográficos na análise de inteligência empresarial para entender padrões e tendências de mercado com um componente espacial.

26. Geospatial Data Mining - Extração de padrões e informações não triviais de grandes bases de dados geoespaciais utilizando métodos de data mining.

27. Geospatial Data Warehousing - Armazenagem e organização de grandes volumes de dados geoespaciais para facilitar a análise complexa e o suporte à decisão.

28. Geostatistics - Ramo da estatística aplicada que lida com análise de dados geográficos, espaciais e temporalmente correlacionados, usando modelos para prever padrões espaciais.

29. Geotagging - Adição de informações de localização geográfica a vários tipos de dados, como fotos ou tweets, para permitir análises baseadas em localização.

30. Geração de Linguagem Natural - O processo de usar dados para gerar automaticamente texto em linguagem natural que satisfaça certos requisitos comunicativos.

31. Gerenciamento do ciclo de vida dos dados - O processo de gerenciar o fluxo de dados e informações de um sistema de informações desde a criação e armazenamento inicial até o momento em que ele se torna obsoleto e é excluído.

32. Ghostwriting Detection - Detecção de textos ou documentos que podem ter sido escritos por outra pessoa do que aquela que se apresenta como o autor, o que é relevante para a autenticação de autoria e para a integridade acadêmica.

33. GIS Cloud - Plataformas baseadas em nuvem que permitem o armazenamento, o processamento e a análise de dados espaciais, tornando o geoprocessamento mais acessível e colaborativo.

34. Global Positioning System (GPS) - Sistema de navegação via satélite que fornece informações sobre localização e tempo em todo o mundo, essencial para coleta de dados espaciais e geolocalização.

35. Gödel's Incompleteness Theorems - Teoremas que influenciaram Turing, mostrando a existência de limitações nos sistemas formais; essenciais para a compreensão dos limites da computabilidade.

36. Google Brain - Equipe de pesquisa em inteligência artificial do Google, com sede em Mountain View, Califórnia, EUA.

37. Governança de dados - O gerenciamento geral da disponibilidade, usabilidade, integridade e segurança dos dados usados em uma organização.

38. GPT (Generative Pre-trained Transformer) (Transformador Pré-Treinado Generativo) - Modelo de linguagem baseado em Transformer que gera texto ao prever a próxima palavra sequencialmente, e pode ser adaptado a diversas tarefas de NLP.

39. GPT-2 - Generative Pre-trained Transformer 2 (Transformador Generativo Pré-treinado 2).

40. GPT-3 - Generative Pre-trained Transformer 3 (Transformador Generativo Pré-treinado 3).

41. GPU - Graphics Processing Unit (Unidade de Processamento Gráfico).

42. Gradient Boosting - Uma técnica de aprendizado de máquina para problemas de regressão e classificação, que produz um modelo preditivo na forma de um conjunto de árvores de decisão fracas.

43. Gradient Clipping - Prática de limitar o valor dos gradientes durante o treinamento de um modelo para evitar a explosão de gradientes, especialmente em redes neurais profundas.

44. Gradient Descent - Técnica de otimização amplamente usada para ajustar parâmetros em aprendizado de máquina, minimizando a função de custo.

45. Gradient Penalty - Modificação em métodos como GANs para estabilizar o treinamento, punindo gradientes de grande magnitude, ajudando a melhorar a convergência do modelo.

46. Grammar Induction - O processo de aprender gramáticas a partir de dados, semelhante a como uma máquina de Turing pode ser usada para discernir regras e padrões estruturais.

47. Grammatical Error Correction - Correção automatizada de erros gramaticais em textos, uma tarefa importante na escrita assistida e ferramentas educacionais.

48. Grammatical Inference - Tarefa de aprender gramáticas ou regras linguísticas a partir de dados, útil para entender línguas desconhecidas ou para melhorar parsers existentes.

49. Graph Convolutional Networks - Redes neurais que operam diretamente em grafos e são capazes de considerar a estrutura topológica dos dados.

50. Graph Neural Networks (GNNs) - Redes neurais que efetivamente trabalham com dados na forma de grafos, capturando as relações entre entidades em tarefas como classificação de nós e previsão de links.

51. Graph-Based NLP - Abordagens de NLP que utilizam grafos para representar e analisar a estrutura e as relações entre elementos linguísticos, contribuindo para tarefas como análise de sentenças e compreensão de texto.

52. Graphical Processing Unit (GPU) - Hardware especializado em realizar processamento paralelo de dados, essencial para acelerar algoritmos computacionalmente intensivos de aprendizado de máquina.

53. Greedy Algorithms - Algoritmos que fazem uma série de escolhas myopes, cada uma delas óptima localmente, com o

objetivo de encontrar uma solução geral boa ou ótima para todo o problema.

54. Grid Search - Método para realizar hiperparâmetro tuning que avalia sistemática e exaustivamente várias combinações de hiperparâmetros para encontrar o melhor modelo.

55. GUI - Graphical User Interface (Interface Gráfica do Usuário) - (Interface Gráfica do Usuário) - É um tipo de interface de usuário que permite a interação com dispositivos eletrônicos por meio de elementos gráficos, como janelas, ícones, botões e menus, em contraste com interfaces baseadas apenas em texto, que exigem comandos escritos.

As interfaces gráficas são predominantes na maioria dos dispositivos informáticos modernos, incluindo computadores, tablets, smartphones e muitos outros tipos de dispositivos.

Principais características das interfaces gráficas do usuário incluem:

1. Intuitividade. As GUIs são projetadas para serem intuitivas, permitindo que até usuários que não são especializados em computação possam navegar e operar softwares e dispositivos. Elementos visuais comuns, como a lixeira para excluir arquivos ou a pasta para salvar documentos, ajudam a tornar estas ações mais compreensíveis.

2. Interatividade. As ações são geralmente realizadas por meio de interações como clicar, arrastar e soltar, deslizar e tocar, o que torna a experiência de uso mais envolvente e direta.

3. Personalização. O layout e a aparência das GUIs muitas vezes podem ser personalizados pelo usuário, permitindo ajustes que podem aumentar a eficiência e melhorar a experiência de uso.

4. Compatibilidade com dispositivos de entrada. As interfaces gráficas são desenhadas para serem usadas com um mouse, touchpad, caneta stylus, ou diretamente com toque na tela, dependendo do dispositivo.

O desenvolvimento das GUIs foi um grande avanço na acessibilidade e na facilidade de uso dos computadores. Os primeiros sistemas de computador dependiam fortemente de consoles de texto com comandos de linha de comando, um método que podia ser inibidor para muitos usuários.

As GUIs ajudaram a democratizar o acesso à tecnologia, removendo algumas das barreiras técnicas à entrada.

O conceito por trás das GUIs foi popularizado pela Xerox PARC nos anos 70, mas foi a Apple Computer, com o Macintosh no início dos anos 80, que trouxe as GUI s para o mercado de consumo em massa.

Posteriormente, a Microsoft seguiu com o Windows, que passou a ser o sistema operacional de desktop mais amplamente utilizado em todo o mundo.

Desde então, as GUIs têm evoluído significativamente, com melhorias no design gráfico, na usabilidade e na funcionalidade.

Interfaces modernas oferecem ampla gama de recursos como barras de tarefa, janelas redimensionáveis, menus contextuais e widgets desenhados para fornecer informações atualizadas ou acesso rápido a funções comuns.

Além dos sistemas operacionais de desktop, as GUIs são fundamentais em aplicações web e móveis. Frameworks de desenvolvimento como React para web, ou plataformas móveis como Android e iOS, oferecem ricas bibliotecas de componentes de GUI que permitem a criação de interfaces de usuário complexas e atraentes.

A evolução da interface gráfica também levou ao advento das interfaces naturais do usuário (NUIs), como as que respondem a gestos e fala, aumentando as formas como os seres humanos interagem com os dispositivos digitais.

A área de User Experience (UX) e User Interface (UI) Design tornou-se um campo especializado dentro do desenvolvimento de software, concentrando-se em criar interfaces que não são apenas esteticamente agradáveis, mas também fáceis de entender e eficientes em termos de realização de tarefas.

Embora a GUI tenha revolucionado a interação usuário-computador, continua a ser uma área de inovação ativa, buscando aumentar a eficácia e a satisfação em todas as interações digitais.

3   Letra H.

1. Habitat Mapping - Mapeamento de habitats naturais e biótopos para fornecer informações essenciais para conservação da biodiversidade e planejamento do uso do solo.

2. Halting Problem - Problema proposto por Turing que questiona se seria possível determinar, a partir de um conjunto de instruções e um input, se uma máquina irá eventualmente parar.

3. Hate Speech Detection - Identificação de texto ou discurso que contém mensagens de ódio, preconceito ou incitação à violência, crucial para manter ambientes online e mídias sociais seguros e inclusivos.

4. HDNN - Hierarchical Deep Neural Network (Rede Neural Profunda Hierárquica).

5. Healthcare AI - A introdução e o crescimento rápido de sistemas de IA para diagnósticos, pesquisa e gestão em saúde começaram na última década, com potencial para transformar o setor.

6. Hebbian Learning - Princípio de aprendizado baseado na ideia de que o aumento na eficácia sináptica surge da prévia e repetida ativação de uma célula por outra.

7. Heterogeneous Data - Dados que são diferentes em tipo ou formato e geralmente requerem pré-processamento antes de serem usados em modelos de ML.

8. Heteroscedasticity - Em estatística e IA, refere-se a uma distribuição irregular de variabilidade entre valores residuais, frequentemente considerado em análises preditivas complexas.

9. Heuristic Algorithm - Método usado para resolver problemas de forma mais rápida que os algoritmos clássicos, inspirado pela ideia de máquinas de Turing fazendo "escolhas inteligentes".

10. Heuristic Search - Técnicas de busca que visam resolver problemas mais rápidamente quando métodos clássicos são muito lentos.

11. Heurística - Método de solução de problemas que emprega estratégias práticas quando soluções exatas são inacessíveis.

12. Heuristics - Estratégias utilizadas para resolver problemas rapidamente quando soluções perfeitas são impraticáveis, inspiradas na eficiência e simplicidade das máquinas de Turing.

13. Hidden Markov Models (HMM) - Modelo estatístico que descreve uma sequência de possíveis eventos em que a probabilidade de cada evento depende apenas do estado imediatamente anterior.

14. Hidrologia Computacional - Uso de modelos de computação avançada para entender e analisar a distribuição e o movimento da água na superfície terrestre e subterrânea.

15. Hierarchical Attention Networks - Modelo de NLP que aplica atenção em múltiplos níveis, permitindo que o modelo atribua

pesos diferentes às palavras e sentenças para representação de documentos.

16. Hierarchical Clustering - Método de análise de cluster que constrói uma hierarquia de clusters, organizados como uma árvore.

17. High-Resolution Mapping - Criação de mapas com detalhes finos, graças à combinação de imagens de alta resolução e técnicas avançadas de processamento de dados.

18. Hindsight Experience Replay - Técnica de Reinforcement Learning onde as experiências passadas são reinterpretadas com diferentes objetivos para tornar a aprendizagem mais eficiente.

19. Hinton, LeCun, Bengio - Pioneiros do Deep Learning, cujas pesquisas em redes neurais convolucionais, redes neurais recorrentes e algoritmos de backpropagation proporcionaram avanços significativos na IA.

20. Histograma - Representação gráfica da distribuição dos dados numéricos.

21. Historical Language Processing - Processamento e análise de textos históricos ou arcaicos, o que inclui lidar com variações ortográficas, léxico desatualizado e mudanças gramaticais.

22. Homograph Disambiguation - Resolução de palavras que são grafadas da mesma forma, mas têm significados diferentes, muitas vezes baseado no contexto, como "lead" (pode ser um metal ou a forma verbal de liderar).

23. Homomorphic Encryption - Forma de criptografia que permite realizar cálculos em dados criptografados sem necessidade de descriptografá-los, oferecendo potencial para privacidade graduada no processamento de IA.

24. Homonym Disambiguation - Processo de resolver a ambiguidade em palavras que têm várias significações ou que soam semelhantes, mas têm significados diferentes.

25. Hot Spot Analysis - Identificação e análise de áreas geográficas que apresentam uma concentração significativa de um determinado fenômeno, indicando pontos de interesse ou preocupação.

26. HTTPS - Hypertext Transfer Protocol Secure, uma extensão de HTTP para comunicação segura através de uma rede de computadores.

27. Human Paralinguistics in NLP - Análise e modelagem de elementos paralinguísticos da comunicação humana, como tom de voz, pausas e ênfase, para uma compreensão mais rica da intenção e emoção na linguagem falada.

28. Human-AI Collaboration - O aprimoramento da interação entre humanos e sistemas de IA no local de trabalho, gerando sinergia e ampliando capacidades humanas.

29. Human-in-the-Loop NLP - Sistemas de NLP que incorporam intervenção humana em pontos críticos do processo de tomada de decisão, buscando melhorar a qualidade e a confiabilidade dos resultados.

30. Human-Robot Interaction - Desenvolvimento de sistemas de NLP que facilitam a comunicação eficaz entre humanos e robôs, especialmente em tarefas colaborativas e cenários de assistência.

31. Hybrid Models - Combinação de diferentes modelos de IA, como aprendizado de máquina e modelos de regras, para aproveitar suas forças individuais e melhorar o desempenho.

32. Hybrid NLP Models - Modelos de NLP que combinam abordagens tradicionais baseadas em regras com sistemas modernos de aprendizado de máquina, buscando aproveitar os pontos fortes de cada metodologia.

33. Hydrographic Mapping - Mapeamento de corpos d'água, incluindo rios, lagos e oceanos, usando SIG para gestão de recursos hídricos e planejamento ambiental.

34. Hydrological Modeling - Criação de modelos do ciclo da água e processos relacionados para simular o escoamento, a armazenagem e a distribuição da água na superfície e no subsolo.

35. Hypernym and Hyponym Detection - Reconhecimento de relações entre palavras em que uma é uma categoria geral (hiperônimo) e a outra é uma instância específica dessa categoria (hipônimo).

36. Hypernym Discovery - Descoberta de hiperônimos, que são palavras com um significado mais amplo que podem incluir outras palavras (hipônimos), para auxiliar na organização hierárquica do conhecimento e melhorar as tarefas de classificação semântica.

37. Hyperparameter Optimization - A busca automatizada por hiperparâmetros que maximizam a performance do modelo de aprendizado de máquina, através de técnicas como a busca em grade, busca aleatória ou algoritmos evolutivos.

38. Hyperparameter Tuning - O processo de experimentação e ajuste dos parâmetros de um algoritmo de aprendizado de máquina que não são aprendidos a partir dos dados, mas que influenciam o desempenho do modelo.

39. Hyperparameters - Parâmetros de um modelo de IA que são definidos antes do treinamento e controlam vários aspectos do processo de aprendizado, como a taxa de aprendizado, número de camadas e tamanho do lote.

40. Hyperpartisan News Detection - Identificação de notícias altamente parciais ou tendenciosas, que é importante para verificar a confiabilidade e o equilíbrio da informação.

41. Hyperplane - Em geometria de dimensão n, um subespaço flat de dimensão n-1, usado em modelos como Support Vector Machine (SVM) para separar classes de dados.

42. Hypothesis Testing in ML - Método estatístico utilizado para determinar se existe evidência suficiente nos dados para rejeitar uma hipótese nula, frequentemente usado para validar a eficácia de um modelo de aprendizado de máquina.

4 Letra I.

1. IA em Cartografia - Emprego de inteligência artificial para automatizar a criação e a atualização de mapas.

2. IA explicável - Refere-se a métodos e técnicas na aplicação de IA de modo que os resultados da solução possam ser compreendidos por especialistas humanos.

3. IaaS - Infrastructure as a Service (Infraestrutura como Serviço).

4. IAM - Identity and Access Management, uma estrutura para processos de negócios que facilita o gerenciamento de identidades eletrônicas.

5. IBM Research AI - Divisão de pesquisa em inteligência artificial da IBM, com equipe global de cientistas.

6. IDaaS - Identity as a Service, um serviço baseado em nuvem que gerencia identidades digitais para autenticação e controle de acesso, cada vez mais relevante para a privacidade de dados.

7. Idiom Recognition - Tarefa de reconhecer expressões idiomáticas cujo significado não pode ser deduzido literalmente, importante para a tradução automática e sistemas de diálogo para evitar mal-entendidos.

8. Idiomatic Expression Translation - Tradução de expressões idiomáticas que frequentemente requerem substituição por equivalentes no idioma de destino para manter o significado e o impacto cultural.

9. ImageNet - Base de dados de reconhecimento visual lançada em 2009, tornou-se um recurso crucial para avanços em visão computacional e deep learning.

10. ImageNet Challenge - Competição anual, a partir de 2010, que impulsionou avanços significativos em visão computacional e deep learning, encorajando o desenvolvimento de algoritmos cada vez mais precisos de classificação de imagens.

11. Imagens Multiespectrais - Imagens capturadas em diferentes faixas do espectro de luz que, ao serem analisadas, podem revelar informações que não são visíveis ao olho humano.

12. Imbalanced Classification - Problema em aprendizado de máquina onde as classes de saída estão distribuídas de forma desigual, o que pode prejudicar a eficiência do classificador.

13. Imbalanced Data - Dados onde as classes de resultado são distribuídas de forma desigual, o que pode influenciar negativamente o desempenho do modelo.

14. Imbalanced Dataset - Um conjunto de dados onde as classes de saída não são representadas igualmente.

15. Imbalanced Learning - O campo de estudo focado em desenvolver técnicas específicas para lidar eficazmente com problemas onde as classes de saída não estão igualmente representadas nos dados.

16. Implicature Understanding - Compreensão de implicaturas, que são significados sugeridos ou implicados em comunicação que não são explicitamente expressos, crucial para a interpretação precisa do discurso.

17. Implicit Argument Identification - Identificação de argumentos implícitos ou não expressos explicitamente em um texto, que é crítico para a compreensão profunda e inferência de informações.

18. Implicit Consent - Um tipo de consentimento que é inferido a partir de ações ou fatos, que pode ser contrastado com o consentimento explícito normalmente exigido para o processamento de dados pessoais sob as leis de privacidade.

19. Implicit Feedback - Informação coletada indiretamente sobre as preferências do usuário, como tempo gasto em uma página ou frequência de compra de um produto, usada para melhorar algoritmos de recomendação e personalização.

20. Imputação - Processo de substituição de dados faltantes por valores substituídos, para permitir análises mais robustas em machine learning.

21. Incorporações - Representações de texto em um espaço de alta dimensão, usadas para capturar o significado de palavras ou frases em forma vetorial.

22. Incremental Learning - Incremental Learning, ou aprendizado incremental, é uma abordagem na aprendizagem de máquina onde um modelo é capaz de aprender de forma contínua à medida que novos dados vão sendo disponibilizados.

Diferentemente do aprendizado em batch, no qual o modelo é treinado com um grande conjunto de dados de uma única vez, o aprendizado incremental se adapta progressivamente, incorporando informações de novos exemplos sem a necessidade de re-treinar o modelo inteiro do zero.

Este método é particularmente útil quando os dados são gerados em fluxo contínuo (stream), o que é comum em muitas aplicações do mundo real, como sistemas de recomendação, análise de sentimentos em tempo real em mídias sociais, monitoramento de fraude e diagnósticos médicos, onde os padrões podem mudar com o tempo e precisam ser capturados pelo modelo.

Vantagens do Incremental Learning incluem:

1. Eficiência de Recursos. Re-treinar modelos complexos de aprendizado de máquina pode ser muito custoso tanto em termos de tempo quanto de computação. A abordagem incremental economiza recursos ao ajustar o modelo existente.

2. Velocidade de Aprendizado. Modelos incrementais podem ser mais rápidos para se adaptar a mudanças, já que estão constantemente aprendendo e por isso conseguem reagir a novas tendências ou padrões nos dados mais rapidamente.

3. Gerenciamento de Memória. Ao lidar com conjuntos de dados muito grandes ou fluxos de dados, a aprendizagem incremental pode ser benéfica, pois não é necessário armazenar todo o conjunto de dados na memória de uma vez.

4. Flexibilidade. Útil em ambientes não estacionários onde os padrões subjacentes dos dados mudam com o tempo (também conhecido como drift de conceito).

Desafios do Incremental Learning incluem:

1. Esquecimento Catastrófico. Uma questão comum em alguns modelos incrementais é o "esquecimento catastrófico," onde um modelo aprende novos dados, mas esquece informações antigas importantes.

2. Seleção de Dados. Determinar quais dados devem ser usados para atualizar o modelo pode ser desafiador. Enquanto alguns sistemas podem simplesmente utilizar todos os novos dados, outros podem precisar de um método para selecionar os exemplos mais informativos ou representativos.

3. Estabilidade e Plasticidade. Deve haver um equilíbrio entre a capacidade do modelo de reter conhecimento prévio (estabilidade) e sua flexibilidade para aprender com novos dados (plasticidade). Isso é conhecido como o dilema de estabilidade-plasticidade.

4. Drift de Conceito. Se os padrões nos dados mudam drasticamente ao longo do tempo (um fenômeno chamado drift de conceito), o modelo incremental pode precisar de mecanismos para detetar e adaptar-se a essas mudanças.

As técnicas para realizar o aprendizado incremental incluem métodos específicos de algoritmos que são projetados para serem atualizados de forma incremental, como árvores de decisão incrementais ou redes neurais com abordagens específicas para mitigar o esquecimento catastrófico.

Também existem estratégias que envolvem a manutenção de um subconjunto de dados antigo para re-treinamento (conhecidas como técnicas de rehearsal ou pseudo-rehearsal) para ajudar a preservar o conhecimento anterior.

Para implementar o aprendizado incremental efetivamente, é importante ter uma abordagem sólida de validação de modelo que possa monitorar e avaliar o desempenho do modelo à medida que ele é atualizado. Isso pode incluir a utilização de métricas de desempenho em tempo real, para assegurar que o modelo ajustado continue atingindo os requisitos e objetivos desejados.

23. Indexação - Criação de índices em bancos de dados, o que permite acesso rápido às linhas em uma tabela de banco de dados com base nos valores de uma ou mais colunas.

24. Índice de Jaccard - Medida estatística de similaridade e diversidade para conjuntos amostrais; mede a similaridade entre conjuntos de amostras finitos e é definido como o tamanho da interseção dividido pelo tamanho da união dos conjuntos amostrais.

25. Índice NDVI (Normalized Difference Vegetation Index) - Índice utilizado para estimar a densidade da vegetação e monitorar a saúde das plantas usando dados de sensoriamento remoto.

26. Inference - Em aprendizado de máquina, o processo de fazer previsões usando um modelo treinado, baseado em novos dados não rotulados.

27. Information Bottleneck - Método que busca encontrar a representação mais informativa dos dados que é suficiente para prever uma variável de saída relevante.

28. Information Consistency Checking - Verificação de consistência de informações em textos ou entre múltiplas fontes de informação, importante para garantir a confiabilidade e precisão dos dados.

29. Information Extraction - Processo de extrair automaticamente informações estruturadas de texto não estruturado.

30. Information Extraction from Legal Documents - Extração de informações-chave como entidades, condições, direitos e obrigações de documentos legais para análise rápida e suporte à decisão.

31. Information Extraction from Podcasts and Videos - Extração de informações a partir de conteúdos de áudio e vídeo, convertendo a fala em texto para posterior análise com técnicas de NLP.

32. Information Filtering - Processo de selecionar informações relevantes de uma grande quantidade de dados baseado em critérios definidos, útil em sistemas de recomendação e alertas personalizados.

33. Information Ordering - O arranjo de informações em uma sequência lógica e fluente, importante em tarefas de geração de texto como sumarização e relatório automático.

34. Information Retrieval (IR) - O processo de encontrar informação relevante, geralmente em documentos ou bancos de dados, com base em consultas.

35. Ingestão de dados - O processo de importação, transferência, carregamento e processamento de dados para uso posterior ou armazenamento em um banco de dados.

36. Inicialização de peso - Escolher um conjunto inicial de pesos para uma rede neural antes do início do processo de aprendizagem.

37. Input/Output - Conceito fundamental na operação de uma máquina de Turing, onde os dados são inseridos e os resultados são produzidos, um conceito chave em IA.

38. Instance Segmentation - Tarefa em visão computacional que identifica e delineia cada objeto de interesse em uma imagem, diferenciando entre instâncias de objetos da mesma classe.

39. Instance-Based Learning - Algoritmos de aprendizado de máquina que constroem modelos baseados em instâncias concretas de dados de treinamento para realizar previsões.

40. Integração de dados - O processo de consolidação de dados de diferentes fontes para fornecer aos usuários uma visão unificada desses dados.

41. Integration of Multi-source Data - Fusão de dados geoespaciais de várias fontes, como imagens de satélite, dados censitários e informações de sensores, para obter uma vista holística do cenário analisado.

42. Integridade dos dados - A manutenção e garantia da precisão e consistência dos dados ao longo de todo o seu ciclo de vida.

43. Inteligência de Localização - Extração de insights e conhecimento a partir da análise de dados geográficos, usando técnicas de inteligência artificial para aprimorar a tomada de decisão em diversas áreas.

44. Intelligent Agents - Entidades autônomas em IA que percebem seu ambiente e tomam decisões para maximizar suas chances de atingir seus objetivos.

45. Intelligent E-commerce - Integração da IA no comércio eletrônico para recomendação personalizada de produtos, análise de sentimentos do cliente e otimização da logística.

46. Intelligent Personal Assistants - Assistência virtual baseada em IA, como a Siri da Apple (lançada em 2011), representa avanços significativos na interação humano-computador.

47. Intelligent Transportation Systems (ITS) - Sistemas que aplicam tecnologias de comunicação e informação, incluindo dados geoespaciais, para melhorar a segurança, eficiência e sustentabilidade do transporte.

48. Intensity-Duration-Frequency (IDF) Curves - Curvas que relacionam a intensidade da precipitação, a duração do evento e a frequência de ocorrência, importantes para projetos de engenharia e análise de risco de inundação.

49. Intent Classification - Processo em NLP que classifica a intenção do usuário com base na entrada linguística, uma etapa crítica na compreensão de consultas e comandos.

50. Intent Classification and Slot Filling - Categorização da intenção geral do usuário e extração de informações específicas em sistemas de diálogo, como em assistentes virtuais e interfaces de voz.

51. Intent Recognition - Processo de identificar o objetivo ou intenção por trás de uma entrada de texto em sistemas de diálogo ou chatbots.

52. Interactive Fiction and Game Design - Integração de NLP no design de ficção interativa e jogos narrativos, permitindo uma

rica interação baseada em texto onde escolhas e respostas dos jogadores influenciam o desenrolar da história.

53. Interactive Geovisualization - Técnicas de visualização interativa que permitem aos usuários explorar e manipular dados geoespaciais de forma dinâmica, facilitando a descoberta de insights e a comunicação eficaz de informações.

54. Interactive Language Teaching Systems - Sistemas projetados para auxiliar no ensino de idiomas por meio de métodos interativos e adaptativos de aprendizagem baseados em NLP.

55. Interactive Machine Learning - Métodos de aprendizado de máquina que permitem a interação dinâmica entre modelos e usuários humanos para melhor informar o processo de treinamento do modelo.

56. Interactive NLP - Processamento de linguagem natural que envolve ou facilita a interação entre humanos e máquinas, tipicamente em sistemas de conversação.

57. Interactive Storytelling - Desenvolvimento de sistemas que permitem a criação colaborativa de histórias entre humanos e máquinas, fornecendo uma narrativa dinâmica e ajustada às entradas do usuário.

58. Intercultural NLP - Desenvolvimento de sistemas de NLP que compreendem e respeitam as diferenças culturais no uso da linguagem, o que é essencial em um contexto global e multicultural.

59. Interdisciplinary NLP - Combinação de NLP com outras disciplinas, como psicologia, sociologia e ciências cognitivas,

para criar sistemas mais holísticos e compreensivos de processamento de linguagem.

60. Interpolação Espacial - Método de estimativa de valores para locais onde dados não foram medidos, utilizando modelos baseados em locais conhecidos.

61. Intervalo de Confiança - Um intervalo de valores, derivado de uma análise estatística, que provavelmente contém o valor de um parâmetro desconhecido.

62. Inverse Reinforcement Learning - Técnica onde um agente observa o comportamento e tenta determinar a função de recompensa que poderia ter gerado esse comportamento.

63. IoT - Internet das Coisas Internet das Coisas) - a rede de objetos físicos – dispositivos, veículos, edifícios e outros itens embarcados com sensores, software e outras tecnologias com a finalidade de conectar e trocar dados com outros dispositivos e sistemas pela Internet.

64. IoT (Internet of Things) e Geoprocessamento - Integração de dispositivos conectados à Internet com SIG para monitoramento e análise de fenômenos espaciais em tempo real.

65. Irradiance Mapping - Avaliação da distribuição da radiação solar sobre a superfície terrestre utilizando modelos geoespaciais para a otimização de energias renováveis e projetos de energia solar.

66. ISO 27001 - Uma especificação para um sistema de gestão de segurança da informação.

67. Isolation Forest - Algoritmo de aprendizado de máquina para detecção de anomalias que isola observações anômalas, construindo árvores de decisão aleatórias.

68. Isomap - Técnica de redução de dimensionalidade não-linear que utiliza geodésicas em um espaço de similaridade para preservar as distâncias globais entre os pontos.

69. Isotonic Regression - Método de regressão que supõe uma relação não-decrescente (ou não-crescente) entre as variáveis preditas e de resposta, útil em certos tipos de dados ordenados ou métricos.

70. Iterative Methods - Procedimentos que repetem seqüências de operações para aproximar a solução de um problema, refletindo o processo funcional de uma máquina de Turing.

71. Iterative Process - Um processo cíclico onde as saídas de uma etapa são usadas como entradas para a mesma etapa no próximo ciclo, comum em algoritmos de otim

72. Iterative Pruning - Processo de remover progressivamente partes menos importantes de um modelo de rede neural, como neurônios ou conexões, para reduzir a complexidade e melhorar a eficiência.

5   Letra J.

1. Jaccard Index - Métrica usada para comparar a semelhança e a diversidade entre conjuntos de amostra, frequentemente usada em sistemas de recomendação e classificação.

2. Jaccard Index (Intersection over Union) - Métrica usada para avaliar o desempenho de modelos de segmentação de imagem e detecção de objetos, medindo a sobreposição entre a previsão do modelo e a verdade do solo.

3. Jargon Entity Recognition (JER) - Uma tarefa de processamento de linguagem natural focada na identificação e classificação de termos técnicos ou jargões específicos de um domínio dentro de textos.

4. JIT - Just In Time Access, Conceder permissões somente quando necessário, reduzindo o risco de acesso não autorizado aos dados.

5. Job Scheduling - Utilização de IA para otimizar a atribuição e a sequência de tarefas de trabalho em múltiplos recursos computacionais ou operacionais.

6. John von Neumann - Cientista que contribuiu para a teoria da computação e desenvolveu o modelo de arquitetura de computador que usa a mesma teoria subjacente às máquinas de Turing.

7. Johnson-Lindenstrauss Lemma - Resultado matemático que fornece garantias sobre a distorção quando os dados são projetados em um espaço de dimensão menor.

8. Join Calculus - Um modelo formal de comunicação que pode ser utilizado para descrever como máquinas de Turing (ou agentes de IA) podem interagir entre si.

9. Joint Attention - Técnicas de IA que permitem a sistemas robóticos ou virtuais compartilhar atenção com seres humanos, melhorando a colaboração e compreensão mútua.

10. Joint Embedding - Método para incorporar múltiplas formas de dados, como texto e imagens, em um espaço comum de representação, possibilitando tarefas como recuperação multimodal e análise de correspondência cruzada.

11. Joint Learning - Abordagem de aprendizado simultâneo em que dois ou mais modelos são treinados em conjunto, permitindo que compartilhem conhecimento e melhorem o desempenho mutuamente.

12. Joint Probability - Medida que indica a probabilidade de dois eventos ocorrerem simultaneamente e que é fundamental para determinadas análises estatísticas em IA.

13. Joint Probability Distribution - Uma distribuição que captura a probabilidade de duas ou mais variáveis aleatórias ocorrerem conjuntamente e é fundamental para modelar a dependência estatística em sistemas de IA.

14. Joint Spatial Analysis - Combinação de dados de diferentes fontes espaciais para realizar análise conjunta, como a integração de dados socioeconômicos com informações ambientais.

15. Joint Training - Estratégia onde múltiplos modelos ou tarefas são treinados simultaneamente, com o objetivo de melhorar o desempenho geral por meio do compartilhamento de representações ou parâmetros.

16. Judicial AI - Sistemas de IA empregados para auxiliar na análise e previsão de tendências judiciais, buscando aumentar a eficiência do sistema legal.

17. Julia - Linguagem de programação de alto nível e alto desempenho para computação técnica, com recursos que são especialmente vantajosos em aprendizado de máquina e análise de dados.

18. Jupyter Notebook - Ambiente de computação interativo que se tornou uma ferramenta popular para cientistas de dados explorarem e visualizarem dados e construírem modelos de IA.

6 Letra K.

1. Kaggle - Plataforma lançada em 2010 que hospeda competições de análise de dados e aprendizado de máquina, conectando a comunidade de IA e promovendo o progresso prático no campo.

2. KB - Knowledge Base (Base de Conhecimento).

3. Kernel Methods - Técnicas para resolver problemas não-lineares em um espaço de características de dimensão maior, aplicáveis em SVMs, por exemplo.

4. Kernel Methods - Um conjunto de técnicas de aprendizado de máquina que usa funções kernel para transformar dados não-lineares em espaços de maior dimensão onde podem se tornar linearmente separáveis.

5. Kernel Trick - Técnica usada em SVM e outros algoritmos que permite operar em um espaço de características de maior dimensão sem computá-lo explicitamente.

6. Kinematics in Robotics - Estudo do movimento de corpos sem considerar as forças que os causam, aplicável em IA robótica para planejamento de trajetória e manipulação.

7. K-means Clustering - Um algoritmo de aprendizado não supervisionado que agrupa os dados em K número de clusters, baseando-se na proximidade dos pontos de dados entre si.

8. KML (Keyhole Markup Language) - Linguagem de marcação baseada em XML usada para exibir informações geográficas em aplicativos de mapeamento.

9. k-Nearest Neighbors (k-NN) - Algoritmo de ML usado tanto para classificação quanto para regressão que opera com base na proximidade dos pontos de dados, atribuindo uma nova amostra às categorias de seus vizinhos mais próximos.

10. k-Nearest Neighbors (k-NN) - Método de aprendizado baseado em instância onde a previsão para novas entradas é feita com base na proxim

11. Knowledge Base - Em IA, uma base de conhecimento armazena fatos e regras sobre o mundo, análogo à fita em máquinas de Turing que armazena dados e instruções.

12. Knowledge Discovery - Processo interativo de identificar padrões válidos, compreensíveis e potencialmente úteis nos dados.

13. Knowledge Discovery in Databases (KDD) for GIS - Aplicação de processos de KDD para a descoberta automática de padrões e relações interessantes em grandes repositórios de dados geoespaciais.

14. Knowledge Distillation - Processo onde um modelo de rede neural grande, conhecido como professor, transmite seu conhecimento para um modelo menor, conhecido como aluno, com o objetivo de ter um modelo tão preciso quanto o professor, mas com menos parâmetros e mais eficiente.

15. Knowledge Engineering - Prática de incorporar conhecimento humano especializado em sistemas de IA, muitas vezes em forma de regras heurísticas ou ontologias.

O Glossário definitivo da Inteligência Artificial - Parte 2.

16. Knowledge Engineering - Processo de construção de sistemas de IA que incorporam conhecimento e regras sobre o mundo real para resolver tarefas complexas de raciocínio.

17. Knowledge Extraction - Processo de identificação e coleta de conhecimento útil a partir de grandes conjuntos de dados ou bases de conhecimento, muitas vezes empregando métodos de aprendizado de máquina e processamento de linguagem natural.

18. Knowledge Graph - Uma base de conhecimento usada pelo Google e seus serviços para aprimorar os resultados de pesquisa de seu mecanismo de pesquisa com informações coletadas de uma variedade de fontes.

19. Knowledge Graph Completion - Enriquecimento de grafos de conhecimento ao prever e adicionar relações faltantes entre entidades, ampliando seu valor e utilidade para tarefas de NLP.

20. Knowledge Graph Embedding - O processo de transpor grafos de conhecimento para um espaço contínuo de baixa dimensão, mantendo as relações e propriedades estruturais dos nós e arestas.

21. Knowledge Representation - Campo da IA para formalizar e organizar informações de modo que uma máquina possa usá-las para solucionar problemas complexos, relacionado com a ideia de Turing de armazenar informação na máquina.

22. Knowledge Transfer - A prática de transferir conhecimento de um domínio para outro ou de um modelo para outro,

facilitando o aprendizado mais eficiente e o aproveitamento prévio de informações adquiridas.

23. Knowledge-based Systems - Sistemas de IA que utilizam conhecimento especializado sobre um determinado domínio para fornecer soluções mais precisas e entendimento do contexto.

24. Kriging - Método geostatístico avançado de interpolação que utiliza a estrutura espacial dos dados para prever valores em locais não amostrados.

25. Kurtosis - Medida de "peakedness" ou "achatamento" da distribuição de um conjunto de dados, utilizada em estatística e análise de dados.

7 Letra L.

1. Label Smoothing - Técnica que suaviza os rótulos verdadeiros durante o treinamento para tornar o modelo menos confiante nas previsões, o que pode melhorar a generalização.

2. Land Cover Change Detection - Identificação e análise de alterações na cobertura do solo ao longo do tempo, crucial para avaliar impactos ambientais e informar políticas de uso da terra.

3. Land Degradation Assessment - Avaliação da deterioração da terra, causada por processos tais como erosão e salinização, usando técnicas de geoprocessamento e análise espacial.

4. Landslide Susceptibility Mapping - Criação de mapas que indicam áreas propensas a deslizamentos, baseados em fatores geológicos e hidrológicos, e modelagem preditiva.

5. Language Adaptation - O processo de ajustar modelos de NLP para funcionarem eficazmente em variações linguísticas, como dialetos diferentes ou jargões específicos de domínio.

6. Language Bias Correction - Correção de tendências ou preconceitos linguísticos em sistemas de NLP, visando promover a equidade e reduzir discriminação.

7. Language Corpora - Grandes conjuntos de texto usados como amostra representativa da linguagem para treinamento e testes em NLP.

8. **Language Decay Handling** - Técnicas para lidar com a linguagem arcaica ou obsoleta, essenciais para processamento histórico de texto ou em contextos de preservação digital.

9. **Language Detection** - Processo automatizado para determinar o idioma em que um texto está escrito, uma etapa necessária para sistemas de NLP multilíngues e para filtragem de conteúdo.

10. **Language Deterioration Analysis** - Análise de mudanças na complexidade e na clareza da linguagem ao longo do tempo, que pode ser relevante em contextos como análise de progressão de doenças neurodegenerativas.

11. **Language Evolution Modeling** - Modelagem da maneira como a linguagem muda ao longo do tempo, o que pode ser útil para entender a história linguística e prever tendências futuras.

12. **Language Evolution Tracking** - Acompanhamento e análise das maneiras como a linguagem se desenvolve e se adapta a novos contextos, tecnologias e influências sociais.

13. **Language Generation** - Processo de automatizar a produção de texto natural, que pode variar desde a geração de frases simples até a criação de narrativas completas.

14. **Language Identification** - Determinação automática do idioma em que um texto está escrito.

15. **Language Identification in Code-switched Text** - Identificação de diferentes idiomas em textos que contêm alternância de

código, o que é comum em áreas multilíngues ou em comunicação informal online.

16. Language Identification Models - Modelos usados para detectar automaticamente o idioma de um texto, muitas vezes usando recursos como n-grams e análise de frequência de caracteres.

17. Language Inference - Tarefa de determinar se uma hipótese é verdadeira (entailment), falsa (contradiction) ou indeterminada (neutral) com base em uma premissa fornecida, um problema central de compreensão.

18. Language Learning Feedback Systems - Sistemas que fornecem feedback automatizado em tempo real sobre a gramática, a pronúncia e o vocabulário para apoiar o aprendizado de idiomas de forma personalizada.

19. Language Model Pruning - Técnica para reduzir o tamanho dos modelos de linguagem removendo partes menos importantes, o que pode reduzir requisitos de memória e melhorar a velocidade sem comprometer demais a performance.

20. Language Modeling - Desenvolvimento de modelos que possam prever a probabilidade da próxima palavra ou sequência de palavras em uma frase.

21. Language Models - Desenvolvimento de modelos de IA capazes de entender e gerar texto humano, tais como GPT e BERT, que são fundamentais para o avanço na NLP.

22. Language Play and Games - Criação e processamento de linguagem em jogos de palavras, piadas e charadas,

desafiando as capacidades criativas e interpretativas dos sistemas de NLP.

23. Language Resource Building - O ato de criar e curar coleções de dados para treinamento e avaliação em NLP, como corpora anotados, léxicos e ontologias.

24. Language Resources - Coleções de dados, como corpus de texto, dicionários e bases de conhecimento, usadas para construir e avaliar sistemas de NLP.

25. Language Resources Management - O armazenamento, catalogação e manutenção de recursos linguísticos, como corpora, léxicos e ferramentas de processamento de texto.

26. Language Transfer - Aplicação de conhecimento de linguagem e modelos de um idioma para outro, frequentemente usado quando recursos são limitados para certas línguas.

27. Language Transfer Learning - Aplicação de conhecimento adquirido em uma tarefa de linguagem para outra tarefa ou entre idiomas diferentes, o que pode acelerar o desenvolvimento de modelos de NLP para novas linguagens ou tarefas.

28. Language Understanding for E-commerce - Compreensão da linguagem natural para suportar transações de comércio eletrônico, incluindo busca de produtos e atendimento ao cliente automatizado.

29. Language Understanding Systems - Sistemas que vão além de simplesmente analisar o texto e buscam compreender o significado e a intenção.

30. Latent Dirichlet Allocation (LDA) - Modelo de aprendizado de máquina, em especial para a análise de texto, que permite descobrir tópicos comuns em um conjunto de documentos.

31. Latent Features - Características não diretamente observadas nos dados, mas inferidas a partir das variáveis observadas, frequentemente usadas em sistemas de recomendação e tópicos de modelagem.

32. Latent Semantic Analysis (LSA) - Técnica de análise de relações entre coleções de documentos e termos, usada para extrair o significado oculto e a estrutura conceitual dos dados.

33. Latent Semantic Analysis (LSA) - Técnica em NLP que utiliza decomposição singular de valor para analisar relações entre um conjunto de documentos e os termos contidos nelas, descobrindo conceitos latentes subjacentes.

34. Latent Space - Espaço subjacente de variáveis latentes que modelos como autoencoders e GANs tentam aprender para representar os dados.

35. Latent Variable - Em modelos estatísticos ou de aprendizado de máquina, uma variável que não é diretamente observada, mas que influencia outras variáveis que são observadas.

36. Latent Variable Model - Modelo estatístico ou de aprendizado de máquina que inclui variáveis que não são diretamente observadas, mas são inferidas a partir de outras variáveis que são observadas.

37. LDA - Latent Dirichlet Allocation (Atribuição de Dirichlet Latente).

38. **Learning Curves** - Gráficos que mostram a relação entre a experiência do modelo (geralmente medida pelo número de iterações de treinamento ou volume de dados de treino) e a performance, ajudando a diagnosticar problemas como overfitting e underfitting.

39. **Learning Rate** - Parâmetro em algoritmos de otimização de IA que afeta o tamanho dos passos durante a atualização de pesos no treinamento de rede neural.

40. **Learning Rate** - Um hiperparâmetro que controla o quanto os pesos da rede neural ou modelo de máquina são ajustados durante o treinamento.

41. **Learning Rate Decay** - Estratégia de ajuste da taxa de aprendizado durante o treinamento de um modelo para refinamento progressivo à medida que o treinamento avança.

42. **Learning Semantic Representations of Idioms** - Aprendizado de representações semânticas de expressões idiomáticas para melhorar a compreensão do contexto e a tradução automática.

43. **Learning Theory** - Campo de estudo que analisa como os algoritmos podem aprender de dados, uma extensão dos princípios fundamentais estabelecidos por Turing sobre aquisição de conhecimento por máquinas.

44. **Learning with Less Data** - Desenvolvimento de técnicas de aprendizado de máquina para NLP que exigem menos dados de exemplo, incluindo abordagens como aprendizado semi-supervisionado, aprendizado por transferência e aprendizado de poucos disparos (few-shot learning).

45. Least Privilege - O princípio de que os usuários e programas devem receber os níveis mínimos de acesso – ou permissões – necessários para executar suas funções/tarefas.

46. Legal Precedent Analysis - Análise de precedentes legais utilizando NLP para identificar padrões em decisões judiciais passadas e ajudar advogados na preparação de casos e estratégias de litígio.

47. Lemmatization - Processo mais sofisticado que stemming; determina a forma lema de uma palavra com base em seu significado no contexto.

48. LeNet - Uma das primeiras redes neurais convolucionais projetadas por Yann LeCun em 1998, essencial para iniciativas de reconhecimento de imagem.

49. Lexeme - A unidade básica de significado lexical, que pode ter diferentes formas de palavras associadas; por exemplo, "correr" pode ser um lexema incluindo "corro", "corre", "correram".

50. Lexical Ambiguity - Situação em que uma palavra possui mais de um significado potencial, exigindo desambiguação pelo contexto para entender a intenção do falante ou escritor.

51. Lexical Chains - Sequências de palavras relacionadas semanticamente que contribuem para a coesão textual, essencial para entender a estrutura e o fluxo de um texto.

52. Lexical Cohesion Analysis - Análise da maneira como as palavras em um texto estão relacionadas e contribuem para a unidade e coesão geral do texto.

53. Lexical Database - Um repositório estruturado de informações sobre palavras e seus significados, sinônimos, antônimos, e, por vezes, uso em idiomas específicos, como o WordNet.

54. Lexical Enrichment - Processo de expansão de uma base de dados léxica com novas palavras, significados e uso, comumente utilizado para manter léxicos atualizados e relevantes.

55. Lexical Gap Identification - Reconhecimento de palavras ou conceitos que existem em um idioma, mas não têm uma tradução direta ou equivalente exato em outro idioma.

56. Lexical Normalization - Adaptação de variantes textuais não padrão, como gírias ou abreviações, para suas formas canônicas para facilitar o entendimento e processamento de texto.

57. Lexical Resource Integration - Combinar diferentes recursos lexicais, como dicionários e thesauri, para enriquecer tarefas de NLP com uma ampla gama de informação linguística.

58. Lexical Semantics - Estudo do significado e das relações semânticas entre palavras à medida que são usadas na língua.

59. Lexicon - Um banco de dados de palavras e seus significados, frequentemente incluindo informações sobre morfologia, pronúncia e sintaxe, essencial para muitas tarefas de NLP.

60. Lexicon Construction for New Languages - Criação de léxicos para idiomas que têm recursos linguísticos limitados disponíveis, essencial para estender tecnologias de NLP para uma variedade mais ampla de comunidades linguísticas.

61. LiDAR (Light Detection and Ranging) - Tecnologia que mede distâncias usando pulsos de laser e é utilizada para criar mapas de alta resolução do terreno e da vegetação.

62. Lifelogging Data Analysis - Análise de dados de lifelogging, que envolve o registro digital de informações pessoais diárias, utilizando NLP para resumir e extrair insights úteis da vida cotidiana das pessoas.

63. Limpeza de dados - O processo de detectar e corrigir (ou remover) registros corrompidos ou imprecisos de um conjunto de registros, tabela ou banco de dados.

64. Linear Discriminant Analysis (LDA) - Técnica estatística para encontrar a combinação linear de características que melhor separa duas ou mais classes de objetos ou eventos.

65. Linguistic Annotation - O processo de adicionar informações linguísticas ao texto, tais como anotações sintáticas, semânticas ou discursivas, para enriquecer os dados para processamento de NLP.

66. Linguistic Code-Switching - Processamento e geração de texto que envolve a mudança entre diferentes idiomas ou dialetos, comum em contextos multilíngues e comunidades que frequentemente mesclam idiomas.

67. Linguistic Complexity Measures - Medição da complexidade linguística em textos, o que pode ser utilizado para ajustar o nível de leitura ou para estudos de aquisição de linguagem.

68. Linguistic Feature Analysis - Análise de características linguísticas específicas, como uso de tempo verbal, estruturas

sintáticas ou complexidade lexical, que pode fornecer insights em pesquisas sociolinguísticas ou de aquisição de linguagem.

69. Linguistic Inquiry and Word Count (LIWC) - Um método de análise de texto que categoriza palavras em várias dimensões emocionais, cognitivas e estruturais para a compreensão psicológica do texto.

70. Linguistic Pattern Discovery - Descoberta de padrões linguísticos em grandes conjuntos de dados de texto, explorando relações sintáticas, semânticas e pragmáticas que podem revelar insights linguisticamente significativos.

71. Linguistic Presupposition Detection - Detecção de suposições implicitamente assumidas dentro de um texto, que são necessárias para a interpretação correta do discurso.

72. Linguistic Presupposition Detection - Detecção de suposições implicitamente assumidas dentro de um texto, que são necessárias para a interpretação correta do discurso.

73. Linguistic Processing - O desenvolvimento de algoritmos capazes de entender e processar linguagem natural, essencial para muitas aplicações de IA, como tradução automática e análise de sentimentos.

74. Linguistic Resources - Bancos de dados, ferramentas e frameworks que fornecem informações estruturadas sobre linguagem, como vocabulário, gramática e semântica, essenciais para o desenvolvimento de aplicações de NLP.

75. Linguistic Watermarking - Incorporação de marcas d'água em texto para proteção de direitos autorais ou para rastrear a

propagação de informações, usando sutilezas linguísticas que não afetam a leitura.

76. Linhagem de dados - O processo de compreensão, registro e visualização de dados à medida que fluem das fontes de dados para o consumo, vital para depuração e auditoria de sistemas de dados.

77. LISP - Linguagem de programação de 1958 desenhada para trabalhos de IA por suas capacidades de processamento de símbolos.

78. Locality-Sensitive Hashing - Algoritmo usado para realizar busca aproximada de vizinhos mais próximos em um grande conjunto de dados em alta dimensão.

79. Location Analytics - O processo ou a capacidade de obter insights a partir da localização ou componente geográfico dos dados corporativos Privacidade de Metadados - A proteção de informações que descrevem as características dos dados, que podem ser tão sensíveis quanto os próprios dados.

80. Location-Based Services (LBS) - Serviços que utilizam a localização geográfica dos usuários, geralmente via dispositivos móveis, para fornecer informações, entretenimento ou segurança.

81. Logic - Fundamento usado nas máquinas de Turing para realizar operações computacionais; essencial na criação de sistemas baseados em regras em IA.

82. Logic Programming - Paradigma de programação para IA que utiliza a lógica formal para expressar programas e problemas.

83. LOLITA (Large-scale, Object-based, Linguistic Interactor, Translator, and Analyzer) - Sistema de NLP desenvolvido na década de 1980 que foi um dos primeiros a tentar entender o significado de textos em linguagem natural.

84. Long Short-Term Memory (LSTM) - Tipo avançado de RNN projetada para lembrar informações por longos períodos de tempo, muito útil em tarefas de sequência como tradução de texto e reconhecimento de voz.

85. LoRA - Low-Rank Adaptation (Adaptação de Baixo Rank).

86. Loss Functions - Em aprendizado de máquina, funções que medem a quantidade pela qual a previsão do modelo se desvia do valor real, orientando assim a otimização dos parâmetros do modelo.

87. Low-Resource Language Processing - Desenvolvimento de técnicas de NLP para idiomas com poucos recursos digitais ou dados anotados, expandindo o acesso à tecnologia em comunidades linguísticas menos representadas.

88. LSTM - Long Short-Term Memory

89. LSTM - Long Short-Term Memory, (Memória Longa de Curto Prazo) - Um tipo de RNN projetada para lembrar informação por longos períodos.

90. LUKE - Language-Understanding Knowledge-enhanced (Conhecimento Aprimorado de Compreensão de Linguagem) - é uma nova representação contextualizada pré-treinada de palavras e entidades baseada no transformador.

91. Foi proposto no artigo LUKE: Deep Contextualized Entity Representations with Entity-aware Self-attention. Ele alcança resultados de última geração em importantes benchmarks de PNL, incluindo SQuAD v1.1 (resposta extrativa a perguntas), CoNLL-2003 (reconhecimento de entidade nomeada), ReCoRD (resposta a perguntas no estilo cloze), TACRED (classificação de relação) e Entidade aberta (digitação de entidade).

92. LXMERT - Learning Cross-Modality Encoder Representations from Transformers (Aprendendo Representações de Codificador de Cross-Modality de Transformers).

8   Letra M.

1. M2M-100 - Many-to-Many Multilingual Translation (Tradução Multilíngue de Muitos para Muitos).

2. Machine Bias - A conscientização e investigação sobre como algoritmos de IA podem perpetuar ou amplificar preconceitos sociais.

3. Machine Bias - A conscientização e investigação sobre como algoritmos de IA podem perpetuar ou amplificar preconceitos sociais.

4. Machine Code - Linguagem de baixo nível que instrui uma máquina a realizar operações, parte da execução dos programas numa máquina de Turing.

5. Machine Creativity - Avanços na IA que possibilitam a criação de novo conteúdo artístico e inovação de design, desafiando a noção tradicional de criatividade.

6. Machine Learning (ML) - Campo da IA focado em desenvolver algoritmos que permitem que máquinas aprendam e melhorem a partir de experiências e dados.

7. Machine Learning Espacial - Aplicação de técnicas de aprendizado de máquina para analisar e prever fenômenos geográficos.

8. Machine Learning for Language Evolution - Uso de técnicas de aprendizado de máquina para modelar e estudar a evolução da linguagem ao longo do tempo, incluindo mudanças em significados, gramática e uso de palavras.

9. Machine Learning in NLP - A aplicação de algoritmos de aprendizado de máquina, como redes neurais ou modelos estatísticos, para aprender e realizar tarefas de processamento de linguagem natural.

10. Machine Reading Comprehension - Desenvolvimento de sistemas capazes de ler e compreender texto escrito, a ponto de responder perguntas relacionadas a esse texto.

11. Machine Translation - Uso de software para traduzir texto ou fala de um idioma para outro automaticamente.

12. Machine Translation Evaluation Metrics - Métricas como BLEU, METEOR e TER que são usadas para avaliar a qualidade das traduções produzidas por sistemas de tradução automática.

13. Machine Vision - A capacidade das máquinas de interpretar e tomar decisões com base na informação visual, que se tornou significativamente avançada com o uso de redes neurais convolucionais (CNNs) na década de 2010.

14. Maldição da Dimensionalidade - Refere-se a vários fenômenos que surgem ao analisar e organizar dados em espaços de alta dimensão que não ocorrem em ambientes de baixa dimensão.

15. Mapas de Calor - Técnica de visualização em que dados são representados como cores em um mapa, comumente utilizados para mostrar a densidade ou intensidade de fenômenos geográficos.

16. MARGE - Multiscale Attentive Recurrent Graph Embeddings (Incorporações de Gráfico Recorrente Atenção Multiescala).

17. Margin - Em algoritmos de classificação, margem é a distância do ponto de dados mais próximo ao hiperplano de decisão, sendo um fator importante na generalização do classificador.

18. MarianMT - Multi-task Multi-lingual Transformer (Transformador Multitarefa e Multilíngue).

19. Markov Decision Process - Modelo matemático para decisões sequenciais sob incerteza, usado no contexto de reinforcement learning para modelar o ambiente e a recompensa.

20. MASS - Masked Sequence to Sequence Pre-training for Language Generation (Pré-treinamento com Sequência Mascarada para Geração de Linguagem).

21. Matriz de confusão - Uma tabela usada para descrever o desempenho de um modelo de classificação em um conjunto de dados de teste para os quais os valores verdadeiros são conhecidos.

22. Max Planck Institute for Intelligent Systems - Instituto de pesquisa em sistemas inteligentes, com foco em inteligência artificial e robótica, com sedes em Tübingen e Stuttgart, Alemanha.

23. MDE (Modelo Digital de Elevação) - Representação digital das elevações da superfície da Terra, essencial em análises de relevo e planejamento ambiental.

24. MDP - Markov Decision Process (Processo de Decisão de Markov) - Modelo matemático utilizado para tomada de

decisões em situações em que os resultados são parcialmente aleatórios e parcialmente controlados pelo decisor.

Os MDPs são uma forma de representar problemas de tomada de decisão que podem ser aplicados em muitos campos, incluindo robótica, economia, manufatura, e inteligência artificial, especialmente em aprendizado por reforço.

Um MDP é definido por:

1. Conjunto de Estados (S). Uma coleção finita de estados que o ambiente pode assumir.

2. Conjunto de Ações (A). Uma coleção finita de ações que o agente pode escolher executar.

3. Modelo de Transição (P). Uma função de probabilidade que descreve a probabilidade de transição entre um par de estados, dado uma ação específica. Frequentemente representada por

   $$P(s' \mid s, a),$$

   que é a probabilidade de alcançar o estado

   s' a partir do estado s tomando a ação a.

4. Função de Recompensa (R). Uma função que atribui uma recompensa (ou custo) recebida pelo agente ao executar uma ação em um estado particular, ou ao fazer uma transição entre estados. Pode ser representada por

   $$R(s, a), \ R(s) \ \text{ou} \ R(s, a, s')$$

   dependendo do contexto.

5. Fator de Desconto (γ). Este parâmetro, que varia entre 0 e 1, é utilizado para descontar recompensas futuras e reflete a preferência por recompensas imediatas em relação às recompensas mais distantes no tempo. Um valor menor coloca maior ênfase nas recompensas imediatas, enquanto um valor maior significa que recompensas futuras são quase tão valiosas quanto as imediatas.

O objetivo em um MDP é geralmente encontrar uma política (strategy) ótima, que é uma função que determina a melhor ação a ser tomada em cada estado, de modo a maximizar a soma total de recompensas esperadas ao longo do tempo, usualmente referida como o valor esperado.

Quando o fator de desconto é aplicado, este valor esperado é chamado de retorno descontado, que leva em conta a depreciação das recompensas ao longo do tempo.

Para resolver um MDP e encontrar a política ótima, usam-se algoritmos como:

1. Programação Dinâmica: Inclui métodos como a iteração de valor (value iteration) e a iteração de política (policy iteration), que calculam a política ótima através da atualização iterativa das estimativas do valor esperado das recompensas para cada ação em cada estado.

2. Aprendizado por Reforço: Um conjunto de algoritmos que permitem a um agente aprender a política ótima por meio da interação com o ambiente, sem conhecimento prévio do modelo de transição. Exemplos incluem Q-learning e algoritmos baseados em diferença temporal (Temporal-Difference Learning).

3. Métodos de Aproximação: Quando o número de estados ou ações é demasiadamente grande para as técnicas de programação dinâmica, técnicas de aproximação podem ser utilizadas para estimar a função de valor ou a própria política. Isso pode incluir o uso de redes neurais ou outros modelos de aprendizado de máquina para aproximar essas funções complexas.

Quer a abordagem seja model-based (baseada em modelos), onde o agente tem conhecimento ou aprende o modelo de transição, ou model-free (sem uso de modelo), onde o agente aprende a política diretamente da experiência, o Processo Decisório de Markov fornece uma estrutura conceitual para entender como agentes podem tomar decisões sequenciais em ambientes incertos e estocásticos.

O MDP também pode ser estendido para lidar com a incerteza em torno do estado atual (POMDP - Partially Observable Markov Decision Process) ou para incorporar ações de múltiplos agentes (Dec-POMDP - Decentralized Partially Observable Markov Decision Process), tornando a área um campo de estudo ativo com muitas variações complexas que são aplicadas em problemas do mundo real.

25. Medical NLP for Drug Discovery - Aplicação de NLP na descoberta de drogas, que pode incluir análise de literatura científica para identificar potenciais alvos de medicamentos e traços de doenças.

26. Memory Networks - Estruturas que combinam componentes de memorização com redes neurais para melhorar a capacidade dos modelos de manipular sequências de dados dependentes de contexto.

27. Metadata - Dados que descrevem outros dados e fornecem informações sobre seu conteúdo, podem ser sensíveis e relevantes para a privacidade.

28. Metadata for Geospatial Data - Dados descritivos que fornecem informações sobre os atributos e a qualidade de conjuntos de dados geoespaciais, facilitando o uso e o compartilhamento de tais dados.

29. Metalearning - Conjunto de algoritmos que aprendem sobre os processos de aprendizado de outras tarefas ou modelos, para entender e melhorar a otimização do aprendizado de máquina.

30. Metaphor Detection and Interpretation - A detecção e interpretação de metáforas em texto, que requer o reconhecimento de que o significado pretendido pode ser conceptualmente diferente das palavras utilizadas literalmente.

31. Metric Learning - Aprendizado de métricas em que o modelo é treinado para aprender uma noção de distância útil para a tarefa em questão, como agrupamento ou classificação.

32. Microsoft Research - Departamento de pesquisa da Microsoft com foco em inteligência artificial, com locais em diversos países.

33. MiniLM - Miniature version of the BERT Language Model (Versão Miniatura do Modelo de Linguagem BERT).

34. Minimax - Um algoritmo de decisão usado em teoria dos jogos e IA para minimizar a possível perda máxima e é frequentemente aplicado em jogos de tabuleiro como xadrez.

35. Min-Max Scaling - Processo de normalização de dados que ajusta a escala de características para que elas caibam em um intervalo pré-definido, geralmente entre 0 e 1.

36. Minsky and McCarthy - Pesquisadores que organizaram a Conferência de Dartmouth em 1956, considerada o nascimento formal da IA como campo de estudo.

37. MIT Computer Science & Artificial Intelligence Laboratory (CSAIL) - Laboratório de ciência da computação e inteligência artificial do MIT, localizado em Cambridge, Massachusetts, EUA.

38. ML - Machine Learning - (Aprendizado de Máquina) - É um subcampo da Inteligência Artificial (IA) que se foca no desenvolvimento de algoritmos e técnicas que permitem aos computadores a capacidade de "aprender" a partir dos dados.

Em vez de serem explicitamente programados para realizar uma tarefa, os sistemas de ML utilizam padrões e inferências extraídas dos dados para construir modelos preditivos ou executar tarefas de maneira autônoma.

Na sua essência, o aprendizado de máquina envolve a utilização de dados de entrada para treinar um modelo. Este modelo, depois de treinado, pode ser usado para fazer previsões ou tomar decisões sobre novos conjuntos de dados que ele nunca viu antes.

O "aprendizado" acontece ao ajustar os parâmetros internos do modelo de modo a minimizar o erro nas suas previsões ou decisões, geralmente por meio de um processo de otimização como o gradiente descendente.

Existem três tipos principais de aprendizado de máquina:

1. Aprendizado Supervisionado. Talvez o mais comum, envolve o treinamento de um modelo com dados rotulados, onde cada exemplo de treinamento é composto de um par de entradas e saídas desejadas.

   A tarefa do modelo é aprender a mapear as entradas às saídas corretas. Algoritmos populares incluem regressão linear, árvores de decisão, e redes neurais.

2. Aprendizado Não Supervisionado. Aqui, o modelo é treinado com dados que não possuem rótulos. O objetivo é descobrir estruturas ou padrões subjacentes dentro dos dados.

   Métodos comuns de aprendizado não supervisionado incluem clustering (agrupamento) e redução de dimensionalidade, como o algoritmo K-means e análise de componentes principais (PCA).

3. Aprendizado por Reforço. O modelo, chamado agente, aprende a tomar decisões interagindo com um ambiente.

   Através de tentativa e erro, e com base nos retornos em forma de recompensas ou punições, o agente procura otimizar uma função de valor ou política que determina a melhor ação a ser tomada dada uma determinada situação.

É amplamente aplicado em contextos em que uma sequência de decisões deve ser feita e o resultado é geralmente observado a longo prazo, como jogos, robótica de navegação e otimização de políticas.

Algoritmos como Q-learning e políticas baseadas em gradiente são exemplos de métodos utilizados no aprendizado por reforço.

Além desses tipos principais, existem abordagens híbridas e especializações, como:

1. Aprendizado Semi-supervisionado. Combina uma pequena quantidade de dados rotulados com uma grande quantidade de dados não rotulados durante o processo de treinamento.

2. Aprendizado Profundo (Deep Learning). Faz uso de redes neurais com muitas camadas (daí "profundo") para aprender representações de dados com múltiplos níveis de abstração, facilitando tarefas como reconhecimento de imagem e processamento de linguagem natural.

Machine Learning está por trás de muitos avanços tecnológicos recentes e está sendo aplicado em uma variedade de domínios, incluindo medicina para diagnóstico e tratamento personalizados, finanças para previsão de mercado e detecção de fraudes, veículos autônomos, sistemas de recomendação personalizada em plataformas online e muito mais.

A crescente acessibilidade a grandes volumes de dados (big data) e o avanço em poder computacional, especialmente em GPUs dedicadas, têm impulsionado a expansão e inovação em ML, tornando-o um dos campos mais ativos e transformadores da tecnologia atual.

39. MNIST Database - Conjunto de dados de dígitos escritos à mão lançado em 1999, largamente utilizado como benchmark para algoritmos de processamento de imagem.

40. Mobile Mapping Systems - Sistemas que utilizam veículos equipados com tecnologia geoespacial para coletar dados de forma móvel e eficiente.

41. Mobility Patterns Analysis - Estudo dos padrões de movimento de pessoas ou veículos utilizando dados de localização geográfica para aprimorar sistemas de transporte e planejamento urbano.

42. Model Compression - Conjunto de técnicas para reduzir o tamanho de modelos de IA tornando-os mais rápidos e menos intensivos em termos de uso de memória, sem comprometer significativamente a precisão.

43. Model Evaluation - Processo de determinar a eficácia de um modelo de ML através do uso de métricas específicas e conjuntos de dados de teste.

44. Model Fitting - O processo de ajustar um modelo de ML aos dados de treino.

45. Model Generalization - A capacidade de um modelo de IA de se apresentar bem em novos dados nunca antes vistos,

refletindo a capacidade do modelo de abstrair aprendizados além do conjunto de treinamento.

46. Model Interpretability - O desenvolvimento de técnicas para entender e explicar as decisões dos modelos de IA, que emergiu como uma área de pesquisa essencial nos anos 2010.

47. Model Persistence - Prática de salvar um modelo treinado de ML para que ele possa ser reutilizado posteriormente, sem a necessidade de re-treinamento.

48. Model Pruning - Processo de redução do tamanho de um modelo de IA removendo seletivamente partes do modelo que têm pouco impacto no desempenho.

49. Model Selection - O processo de escolher o melhor modelo entre um conjunto de modelos potenciais, com base em critérios de desempenho, uma atividade que reflete o estilo de computação conceitual das máquinas de Turing.

50. Modelagem de Elevação Digital - Criação de representações 3D do terreno usando dados de elevação coletados por tecnologias de geoprocessamento.

51. Modelo de Espaço Vetorial - Modelo estatístico que representa informações textuais transformando texto em vetores de identificadores, comumente utilizados em classificação e agrupamento de textos.

52. Modelos de Regressão Espacial - Modelos estatísticos que levam em consideração a autocorrelação espacial entre observações.

53. Modelos Sequenciais - Tipos de modelos que são projetados para reconhecer padrões em sequências de dados, como séries temporais, para previsão ou aprendizagem de padrões comportamentais.

54. Monte Carlo Methods - Técnicas computacionais baseadas em amostragem aleatória para obter resultados numéricos, muitas vezes utilizadas em contextos de otimização e integração numérica em ML.

55. Monte Carlo Tree Search (MCTS) - Algoritmo de busca para tomada de decisão em problemas com uma sequência de ações interativas, como jogos de tabuleiro.

56. MOOCs (Massive Open Online Courses) - Cursos online sobre IA que se tornaram amplamente disponíveis na década de 2010, democratizando o aprendizado de conceitos e tecnologias de IA.

57. Morphological Analysis - Estudo da estrutura e formação de palavras, identificando raízes, sufixos e padrões de flexão.

58. Morphosyntactic Disambiguation - Processo de determinar a lema e a função gramatical correta de palavras ambíguas em texto, considerando sua morfologia e contexto sintático.

59. MT5 - Multilingual Translation Transformer 5 (Transformador de Tradução Multilíngue 5).

60. Multi-Agent Systems - Sistemas onde múltiplos agentes inteligentes interagem ou colaboram para resolver problemas complexos ou para melhorar a eficiência da solução.

61. Multi-Agent Systems - Sistemas que consistem em múltiplos agentes interativos, autônomos, que podem colaborar ou competir para alcançar objetivos individuais ou coletivos.

62. Multiclass Classification - Tarefa de classificar instâncias em três ou mais classes, ao contrário da classificação binária que lida com duas classes.

63. Multi-Domain NLP - Desenvolvimento de modelos e NLP que são projetados para lidar com dados de vários domínios ou tipos de texto, tornando o modelo mais versátil e capaz de abordar tarefas em diferentes áreas ou estilos de comunicação.

64. Multi-instance Learning - Uma forma de aprendizado de máquina que trata de conjuntos de exemplos (chamados de "bolsas") onde a etiqueta é fornecida para a bolsa inteira, em vez de para os exemplos individuais.

65. Multilayer Perceptron (MLP) - Tipo básico de rede neural de feedforward, composta por múltiplas camadas de neurônios e usada em classificação complexa e tarefas de regressão.

66. Multi-lingual Lexicon Expansion - Expansão de léxicos multilíngues, que envolve acrescentar novas palavras e expressões em várias línguas, muitas vezes com o auxílio de aprendizado de máquina e técnicas de coleta de dados automatizadas.

67. Multilingual NLP - Processamento de linguagem natural que lida com dados em múltiplos idiomas, visa o desenvolvimento de tecnologias que podem ser aplicadas universalmente.

68. Multilingual Semantic Role Labeling - Rotulação de papéis semânticos em múltiplas línguas para identificar como as entidades estão relacionadas a ações e estados em diferentes idiomas.

69. Multilingual Text Processing - Tratamento e análise de texto que envolve mais de um idioma, com desafios específicos como alinhamento de texto e transferência de conhecimento cross-linguística.

70. Multi-modal Dialogue Systems - Sistemas de diálogo que integram múltiplas modalidades como texto, voz, gestos e expressões faciais, criando uma comunicação mais natural e eficaz entre humanos e máquinas.

71. Multimodal Learning - Aprendizado de modelos de IA que processam e relacionam informações de diferentes tipos de dados, como texto, áudio e vídeo, para realizar tarefas como reconhecimento de emoções ou tradução de linguagem natural.

72. Multimodal Learning for NLP - Aprendizado que integra informação de texto juntamente com outros modos de entrada, como imagens ou dados sensoriais, para enriquecer a interpretação e processamento da linguagem.

73. Multi-Modal NLP - Combinação de dados textuais com outras formas de dados, como imagens ou áudio, para enriquecer o processamento e entendimento da linguagem natural.

74. Multimodal NLP - Integração de múltiplas formas de dados, como texto, imagem e som, para interpretar e responder a conteúdo complexo mais como humanos fazem.

75. Multi-Task Learning - Abordagem onde um modelo é treinado simultaneamente em várias tarefas relacionadas, melhorando a generalização pela transferência de conhecimento entre as tarefas.

76. Multitask Learning in NLP - Aprendizado simultâneo de várias tarefas de NLP com um modelo compartilhado, o que pode melhorar o desempenho pelo aproveitamento das sinergias entre tarefas.

77. Multivariate Spatial Analysis - Análise de múltiplas variáveis geográficas simultaneamente para compreender suas interações e influências mútuas em fenômenos espaciais.

78. Music Lyrics Analysis - Análise de letras de música utilizando NLP para entender temas, emoções e tendências ao longo do tempo ou entre gêneros e artistas.

79. Mutual Information - Medida estatística de dependência mútua entre duas variáveis, indicando a quantidade de informação que uma variável contém sobre a outra.

9   Conclusão.

Ao longo deste segundo volume de "O Glossário Definitivo da Inteligência Artificial", exploramos uma vasta gama de termos e conceitos fundamentais que moldam o universo da IA.

Desde as definições mais técnicas, como algoritmos, aprendizado supervisionado e redes neurais, até os conceitos amplos de big data e curadoria de dados, oferecemos uma visão abrangente que facilita o entendimento e a aplicação prática dessas tecnologias.

Este livro destacou a importância dos dados como a base da IA elucidando como a qualidade, o volume e a estrutura dos dados são essenciais para que a inteligência artificial possa operar de maneira eficaz e fornecer insights relevantes.

Também discutimos as principais aplicações da IA em setores diversos, como saúde, finanças e governança, mostrando como a tecnologia já está transformando a forma como vivemos e trabalhamos.

Além disso, cada termo foi contextualizado com exemplos práticos, fornecendo ao leitor uma compreensão realista de como essas inovações estão sendo implementadas no mundo moderno.

Enquanto avançamos para uma era onde a Inteligência Artificial se torna cada vez mais presente, surge uma questão essencial: até onde queremos que essa tecnologia vá e sob quais valores ela deve ser desenvolvida?

A IA tem o potencial de resolver problemas globais, otimizar processos, aumentar a eficiência e criar novas oportunidades. No entanto, com esse grande poder, vem a necessidade de responsabilidade.

O papel da humanidade não é apenas o de desenvolver tecnologias cada vez mais sofisticadas, mas também o de guiar esse progresso com base em princípios éticos, transparência e justiça.

As trajetórias que a IA pode seguir são diversas: de um futuro amplamente automatizado e eficiente a cenários onde os desafios éticos e o uso indevido da tecnologia podem criar desigualdades e desconfianças.

Este livro é apenas um passo de uma jornada essencial no campo da inteligência artificial. Este volume é parte de uma coleção maior, "Inteligência Artificial: O Poder dos Dados", com 49 volumes que exploram, em profundidade, diferentes aspectos da IA e da ciência de dados.

Os demais volumes abordam temas igualmente cruciais, como a integração de sistemas de IA, a análise preditiva e o uso de algoritmos avançados para tomada de decisões.

Ao adquirir e ler os demais livros da coleção, disponíveis na Amazon, você terá uma visão holística e profunda que permitirá não só otimizar a governança de dados, mas também potencializar o impacto da inteligência artificial nas suas operações.

10 Referências bibliográficas.

ABBOTT, R. (2016). I Think, Therefore I Invent. Creative Computers and the Future of Patent Law. Boston College Law Review.

ALPAYDIN, E. (2020). Introduction to Machine Learning (4th ed.). MIT Press.

BENGIO, Y., DUCHARME, R., VINCENT, P., & JAUVIN, C. (2003). A Neural Probabilistic Language Model. Journal of Machine Learning Research, 3, 1137-1155.

CLARK, K., MANNING, C.D. (2015). Entity-Centric Coreference Resolution with Model Stacking. In: Proceedings of the 53rd Annual Meeting of the Association for Computational Linguistics. p. 1405-1415. DOI: 10.3115/v1/P15-1136.

COHEN, J.E. (2012). Configuring the Networked Self. Law, Code, and the Play of Everyday Practice. Yale University Press.

DeepMind Technologies Limited. (2016). Mastering the game of Go with deep neural networks and tree search. Nature.

FAN, A., LEWIS, M., DAUPHIN, Y. (2017). Hierarchical Neural Story Generation. In: arXiv preprint arXiv:1805.04833.

FELBO, B., MISLOVE, A., SØGAARD, A., RAHWAN, I., & LEHMANN, S. (2017). Using millions of emoji occurrences to learn any-domain representations for detecting sentiment, emotion and sarcasm. arXiv:1708.00524. https://arxiv.org/abs/1708.00524

FORSYTH, Ponce. (2011). Computer Vision. A Modern Approach (2nd ed.). Pearson India.

FU, Z., XIANG, T., KODIROV, E., & GONG, S. (2017). Zero-shot learning on semantic class prototype graph. IEEE Transactions on Pattern Analysis and Machine Intelligence, 40(8), 2009–2022.

GOERTZEL, B. (2014). Artificial general intelligence. concept, state of the art, and future prospects. Journal of Artificial General Intelligence, 5(1), 1.

GOODFELLOW I.J., POUGET-ABADIE J., MIRZA M., XU B., WARDE-FARLEY D., OZAIR S., COURVILLE A., BENGIO Y. (2014). Generative Adversarial Nets. In: Advances in neural information processing systems. p. 2672–2680.

GUO, B., Zhang, X., WANG, Z., Jiang, M., NIE, J., DING, Y., YUE, J., & Wu, Y. (2023). How close is ChatGPT to human experts? Comparison corpus, evaluation, and detection. ar Xiv preprint arXiv.2301.07597.

HAWKINS, J., & BLAKESLEE, S. (2004). On Intelligence. New York. Times Books.

HEILMAN, M., SMITH, N.A., ESKENAZI, M. (2010). Question Generation via Overgenerating Transformations and Ranking. In: Machine Learning Journal, 80, 3, p. 263-287.

HOLTZMAN, A., BUYS, J., DU, L., FORBES, M., Choi, Y. (2020). The Curious Case of Neural Text Degeneration. In: ICLR 2020: Eighth International Conference on Learning Representations.

HOWARD, J., & RUDER, S. (2018). Universal Language Model Fine-tuning for Text Classification. arXiv:1801.06146. https://arxiv.org/abs/1801.06146

JORDAN, M. I., & MITCHELL, T. M. (2015). Machine learning. Trends, perspectives, and prospects. Science, 349(6245), 255-260.

KUNDU, G., PORIA, S., HAZARIKA, D., & CAMBRIA, E. (2018). A deep ensemble model with slot alignment for sequence-to-sequence natural language generation from semantic tuples. arXiv:1805.06553. https://arxiv.org/abs/1805.06553

KURZWEIL, R. (2012). How to Create a Mind. The Secret of Human Thought Revealed. Gerald Duckworth & Co Ltd.

LECUN, Y., BENGIO, Y., & HINTON, G. (2015). Deep learning. Nature, 521(7553), 436-444.

MITTELSTADT, B. D., ALLO, P., & FLORIDI, L. (2016). The ethics of algorithms. Mapping the debate. In Data & Society Initiative. Oxford. Oxford Internet Institute.

MURPHY, R. R. (2019). Introduction to AI Robotics (2nd ed.). MIT Press.

NEWMAN, D. (2019). How AI Is Streamlining Marketing and Sales. Harvard Business Review. Recuperado de https.//hbr.org.

NISSENBAUM, H. (2010). Privacy in Context. Technology, Policy, and the Integrity of Social Life. Stanford University Press.

ALE, F. (2015). The Black Box Society. The Secret Algorithms That Control Money and Information. Harvard University Press.

PINTO, M.V (2024 -1). Artificial Intelligence – Essential Guide. ISBN: 979-8322751175. Independently published. ASIN: B0D1N7TJL8.

PINTO, M.V (2024-2). Data Governance Deployment Guide. ISBN: 979-8875862090. Independently published. ASIN: B0CS6XJKRN.

PINTO, M.V (2024-3). Data Governance for Artificial Intelligence. ISBN: 979-8322647164. Independently published. ASIN: B0D1K3R1C7.

RADFORD, A., NARASIMHAN, K., SALIMANS, T., & SUTSKEVER, I. (2018). Improving Language Understanding with Unsupervised Learning. Technical report, OpenAI.

RUSSELL, S., & NORVIG, P. (2016). Artificial Intelligence. A Modern Approach (3rd ed.). Pearson Education.

S.A. CAMBO and D. GERGLE, User-Centred Evaluation for Machine Learning, in. Human and Machine

SHALEV-SHWARTZ, S., & BEN-DAVID, S. (2014). Understanding Machine Learning. From Theory to Algorithms. Cambridge University Press.

SHMUELI, G., & KOPPIUS, O.R. (2011). Predictive Analytics in Information Systems Research. Management Information Systems Quarterly, 35(3), 553-572.

SMITH, J. (2020). The Role of Databases in Artificial Intelligence. Journal of Data Science, 15(2), 123-136.

STRUBELL, E., GANESH, A., & MCCALLUM, A. (2019). Energy and policy considerations for deep learning in NLP. arXiv preprint arXiv.1906.02243.

SUTTON, R. S., & BARTO, A. G. (2018). Reinforcement learning. An introduction. Bradford Books

TABOADA, M., BROOKE, J., TOFILOSKI, M., VOLL, K., & STEDE, M. (2011). Lexicon-Based Methods for Sentiment Analysis. Computational Linguistics, 37(2), 267-307. https://doi.org/10.1162/COLI_a_00049

TURING, A. (1950). "Computing Machinery and Intelligence". IN. Mind, Volume 59, Number 236, pp. 433-460. Edinburgh. Thomas Nelson & Sons.

VENUGOPALAN, S., ROHRBACH, M., DONAHUE, J., MOONEY, R., DARRELL, T., SAENKO, K. (2015). Sequence to Sequence - Video to Text. In: Proceedings of the IEEE international conference on computer vision. p. 4514–4522. DOI: 10.1109/ICCV.2015.515.

VON AHN, L., & DABBISH, L. (2004). Labeling images with a computer game. In Proceedings of the SIGCHI Conference on Human Factors in Computing Systems (pp. 319–326).

WANG, Y., SKERRY-RYAN, R., STANTON, D., WU, Y., WEISS, R.J., JAITLY, N., YANG, Z., XIAO, Y., CHEN, Z., BENGIO, S., LE, Q., AGIOMYRGIANNAKIS, Y., CLARK, R., SAUROUS, R.A. (2017). Tacotron: Towards End-to-End Speech Synthesis. In: arXiv preprint arXiv:1703.10135.

WONG, M. (2020). Data Normalization and Quality Assurance in Artificial Intelligence. International Conference on Data Engineering.

YOUNG, T., HAZARIKA, D., PORIA, S., CAMBRIA, E. (2018). Recent Trends in Deep Learning Based Natural Language Processing. In: IEEE Computational Intelligence Magazine, 13(3), p. 55-75. DOI: 10.1109/MCI.2018.2840738.

ZHENG, R. and GREENBERG, K. (2018). Effective Design in Human and Machine Learning. A Cognitive Perspective, in. Human and Machine Learning, Springer, pp. 55–74.

11 Descubra a Coleção Completa "Inteligência Artificial e o Poder dos Dados" – Um Convite para Transformar sua Carreira e Conhecimento.

A Coleção "Inteligência Artificial e o Poder dos Dados" foi criada para quem deseja não apenas entender a Inteligência Artificial (IA), mas também aplicá-la de forma estratégica e prática.

Em uma série de volumes cuidadosamente elaborados, desvendo conceitos complexos de maneira clara e acessível, garantindo ao leitor uma compreensão completa da IA e de seu impacto nas sociedades modernas.

Não importa seu nível de familiaridade com o tema: esta coleção transforma o difícil em didático, o teórico em aplicável e o técnico em algo poderoso para sua carreira.

11.1 Por Que Comprar Esta Coleção?

Estamos vivendo uma revolução tecnológica sem precedentes, onde a IA é a força motriz em áreas como medicina, finanças, educação, governo e entretenimento.

A coleção "Inteligência Artificial e o Poder dos Dados" mergulha profundamente em todos esses setores, com exemplos práticos e reflexões que vão muito além dos conceitos tradicionais.

Você encontrará tanto o conhecimento técnico quanto as implicações éticas e sociais da IA incentivando você a ver essa tecnologia não apenas como uma ferramenta, mas como um verdadeiro agente de transformação.

Cada volume é uma peça fundamental deste quebra-cabeça inovador: do aprendizado de máquina à governança de dados e da ética à aplicação prática.

Com a orientação de um autor experiente, que combina pesquisa acadêmica com anos de atuação prática, esta coleção é mais do que um conjunto de livros – é um guia indispensável para quem quer navegar e se destacar nesse campo em expansão.

11.2   Público-Alvo desta Coleção?

Esta coleção é para todos que desejam ter um papel de destaque na era da IA:

✓ Profissionais da Tecnologia: recebem insights técnicos profundos para expandir suas habilidades.

✓ Estudantes e Curiosos: têm acesso a explicações claras que facilitam o entendimento do complexo universo da IA.

✓ Gestores, líderes empresariais e formuladores de políticas também se beneficiarão da visão estratégica sobre a IA, essencial para a tomada de decisões bem-informadas.

✓ Profissionais em Transição de Carreira: Profissionais em transição de carreira ou interessados em se especializar em IA encontram aqui um material completo para construir sua trajetória de aprendizado.

11.3   Muito Mais do Que Técnica – Uma Transformação Completa.

Esta coleção não é apenas uma série de livros técnicos; é uma ferramenta de crescimento intelectual e profissional.

Com ela, você vai muito além da teoria: cada volume convida a uma reflexão profunda sobre o futuro da humanidade em um mundo onde máquinas e algoritmos estão cada vez mais presentes.

Este é o seu convite para dominar o conhecimento que vai definir o futuro e se tornar parte da transformação que a Inteligência Artificial traz ao mundo.

Seja um líder em seu setor, domine as habilidades que o mercado exige e prepare-se para o futuro com a coleção "Inteligência Artificial e o Poder dos Dados".

Esta não é apenas uma compra; é um investimento decisivo na sua jornada de aprendizado e desenvolvimento profissional.

Prof. Marcão - Marcus Vinícius Pinto

Mestre em Tecnologia da Informação.
Especialista em Inteligência Artificial, Governança de Dados e Arquitetura de Informação.

12 Os Livros da Coleção.

12.1 Dados, Informação e Conhecimento na era da Inteligência Artificial.

Este livro explora de forma essencial as bases teóricas e práticas da Inteligência Artificial, desde a coleta de dados até sua transformação em inteligência. Ele foca, principalmente, no aprendizado de máquina, no treinamento de IA e nas redes neurais.

12.2 Dos Dados em Ouro: Como Transformar Informação em Sabedoria na Era da IA.

Este livro oferece uma análise crítica sobre a evolução da Inteligência Artificial, desde os dados brutos até a criação de sabedoria artificial, integrando redes neurais, aprendizado profundo e modelagem de conhecimento.

Apresenta exemplos práticos em saúde, finanças e educação, e aborda desafios éticos e técnicos.

12.3 Desafios e Limitações dos Dados na IA.

O livro oferece uma análise profunda sobre o papel dos dados no desenvolvimento da IA explorando temas como qualidade, viés, privacidade, segurança e escalabilidade com estudos de caso práticos em saúde, finanças e segurança pública.

12.4 Dados Históricos em Bases de Dados para IA: Estruturas, Preservação e Expurgo.

Este livro investiga como a gestão de dados históricos é essencial para o sucesso de projetos de IA. Aborda a relevância das normas ISO para garantir qualidade e segurança, além de analisar tendências e inovações no tratamento de dados.

12.5 Vocabulário Controlado para Dicionário de Dados: Um Guia Completo.

Este guia completo explora as vantagens e desafios da implementação de vocabulários controlados no contexto da IA e da ciência da informação. Com uma abordagem detalhada, aborda desde a nomeação de elementos de dados até as interações entre semântica e cognição.

12.6 Curadoria e Administração de Dados para a Era da IA.

Esta obra apresenta estratégias avançadas para transformar dados brutos em insights valiosos, com foco na curadoria meticulosa e administração eficiente dos dados. Além de soluções técnicas, aborda questões éticas e legais, capacitando o leitor a enfrentar os desafios complexos da informação.

12.7 Arquitetura de Informação.

A obra aborda a gestão de dados na era digital, combinando teoria e prática para criar sistemas de IA eficientes e escaláveis, com insights sobre modelagem e desafios éticos e legais.

12.8 Fundamentos: O Essencial para Dominar a Inteligência Artificial.

Uma obra essencial para quem deseja dominar os conceitos-chave da IA, com uma abordagem acessível e exemplos práticos. O livro explora inovações como Machine Learning e Processamento de Linguagem Natural, além dos desafios éticos e legais e oferece uma visão clara do impacto da IA em diversos setores.

12.9   LLMS - Modelos de Linguagem de Grande Escala.

Este guia essencial ajuda a compreender a revolução dos Modelos de Linguagem de Grande Escala (LLMs) na IA.

O livro explora a evolução dos GPTs e as últimas inovações em interação humano-computador, oferecendo insights práticos sobre seu impacto em setores como saúde, educação e finanças.

12.10   Machine Learning: Fundamentos e Avanços.

Este livro oferece uma visão abrangente sobre algoritmos supervisionados e não supervisionados, redes neurais profundas e aprendizado federado. Além de abordar questões de ética e explicabilidade dos modelos.

12.11   Por Dentro das Mentes Sintéticas.

Este livro revela como essas 'mentes sintéticas' estão redefinindo a criatividade, o trabalho e as interações humanas. Esta obra apresenta uma análise detalhada dos desafios e oportunidades proporcionados por essas tecnologias, explorando seu impacto profundo na sociedade.

12.12   A Questão dos Direitos Autorais.

Este livro convida o leitor a explorar o futuro da criatividade em um mundo onde a colaboração entre humanos e máquinas é uma realidade, abordando questões sobre autoria, originalidade e propriedade intelectual na era das IAs generativas.

12.13 1121 Perguntas e Respostas: Do Básico ao Complexo– Parte 1 A 4.

Organizadas em quatro volumes, estas perguntas servem como guias práticos essenciais para dominar os principais conceitos da IA.

A Parte 1 aborda informação, dados, geoprocessamento, a evolução da inteligência artificial, seus marcos históricos e conceitos básicos.

A Parte 2 aprofunda-se em conceitos complexos como aprendizado de máquina, processamento de linguagem natural, visão computacional, robótica e algoritmos de decisão.

A Parte 3 aborda questões como privacidade de dados, automação do trabalho e o impacto de modelos de linguagem de grande escala (LLMs).

Parte 4 explora o papel central dos dados na era da inteligência artificial, aprofundando os fundamentos da IA e suas aplicações em áreas como saúde mental, governo e combate à corrupção.

12.14 O Glossário Definitivo da Inteligência Artificial.

Este glossário apresenta mais de mil conceitos de inteligência artificial explicados de forma clara, abordando temas como Machine Learning, Processamento de Linguagem Natural, Visão Computacional e Ética em IA.

- A parte 1 contempla conceitos iniciados pelas letras de A a D.

- A parte 2 contempla conceitos iniciados pelas letras de E a M.
- A parte 3 contempla conceitos iniciados pelas letras de N a Z.

12.15 Engenharia de Prompt - Volumes 1 a 6.

Esta coleção abrange todos os fundamentos da engenharia de prompt, proporcionando uma base completa para o desenvolvimento profissional.

Com uma rica variedade de prompts para áreas como liderança, marketing digital e tecnologia da informação, oferece exemplos práticos para melhorar a clareza, a tomada de decisões e obter insights valiosos.

Os volumes abordam os seguintes assuntos:

- Volume 1: Fundamentos. Conceitos Estruturadores e História da Engenharia de Prompt.
- Volume 2: Ferramentas e Tecnologias, Gerenciamento de Estado e Contexto e Ética e Segurança.
- Volume 3: Modelos de Linguagem, Tokenização e Métodos de Treinamento.
- Volume 4: Como Fazer Perguntas Corretas.
- Volume 5: Estudos de Casos e Erros.
- Volume 6: Os Melhores Prompts.

12.16 Guia para ser um Engenheiro De Prompt – Volumes 1 e 2.

A coleção explora os fundamentos avançados e as habilidades necessárias para ser um engenheiro de prompt bem-sucedido, destacando os benefícios, riscos e o papel crítico que essa função desempenha no desenvolvimento da inteligência artificial.

O Volume 1 aborda a elaboração de prompts eficazes, enquanto o Volume 2 é um guia para compreender e aplicar os fundamentos da Engenharia de Prompt.

12.17 Governança de Dados com IA – Volumes 1 a 3.

Descubra como implementar uma governança de dados eficaz com esta coleção abrangente. Oferecendo orientações práticas, esta coleção abrange desde a arquitetura e organização de dados até a proteção e garantia de qualidade, proporcionando uma visão completa para transformar dados em ativos estratégicos.

O volume 1 aborda as práticas e regulações. O volume 2 explora em profundidade os processos, técnicas e melhores práticas para realizar auditorias eficazes em modelos de dados. O volume 3 é seu guia definitivo para implantação da governança de dados com IA.

12.18 Governança de Algoritmos.

Este livro analisa o impacto dos algoritmos na sociedade, explorando seus fundamentos e abordando questões éticas e regulatórias. Aborda transparência, accountability e vieses, com soluções práticas para auditar e monitorar algoritmos em setores como finanças, saúde e educação.

12.19 De Profissional de Ti para Expert em IA: O Guia Definitivo para uma Transição de Carreira Bem-Sucedida.

Para profissionais de Tecnologia da Informação, a transição para a IA representa uma oportunidade única de aprimorar habilidades e contribuir para o desenvolvimento de soluções inovadoras que moldam o futuro.

Neste livro, investigamos os motivos para fazer essa transição, as habilidades essenciais, a melhor trilha de aprendizado e as perspectivas para o futuro do mercado de trabalho em TI.

12.20 Liderança Inteligente com IA: Transforme sua Equipe e Impulsione Resultados.

Este livro revela como a inteligência artificial pode revolucionar a gestão de equipes e maximizar o desempenho organizacional.

Combinando técnicas de liderança tradicionais com insights proporcionados pela IA, como a liderança baseada em análise preditiva, você aprenderá a otimizar processos, tomar decisões mais estratégicas e criar equipes mais eficientes e engajadas.

12.21 Impactos e Transformações: Coleção Completa.

Esta coleção oferece uma análise abrangente e multifacetada das transformações provocadas pela Inteligência Artificial na sociedade contemporânea.

- Volume 1: Desafios e Soluções na Detecção de Textos Gerados por Inteligência Artificial.
- Volume 2: A Era das Bolhas de Filtro. Inteligência Artificial e a Ilusão de Liberdade.
- Volume 3: Criação de Conteúdo com IA - Como Fazer?
- Volume 4: A Singularidade Está Mais Próxima do que Você Imagina.
- Volume 5: Burrice Humana versus Inteligência Artificial.
- Volume 6: A Era da Burrice! Um Culto à Estupidez?
- Volume 7: Autonomia em Movimento: A Revolução dos Veículos Inteligentes.
- Volume 8: Poiesis e Criatividade com IA.

- Volume 9: Dupla perfeita: IA + automação.
- Volume 10: Quem detém o poder dos dados?

12.22 Big Data com IA: Coleção Completa.

A coleção aborda desde os fundamentos tecnológicos e a arquitetura de Big Data até a administração e o glossário de termos técnicos essenciais.

A coleção também discute o futuro da relação da humanidade com o enorme volume de dados gerados nas bases de dados de treinamento em estruturação de Big Data.

- Volume 1: Fundamentos.
- Volume 2: Arquitetura.
- Volume 3: Implementação.
- Volume 4: Administração.
- Volume 5: Temas Essenciais e Definições.
- Volume 6: Data Warehouse, Big Data e IA.

13 Sobre o Autor.

Sou Marcus Pinto, mais conhecido como Prof. Marcão, especialista em tecnologia da informação, arquitetura da informação e inteligência artificial.

Com mais de quatro décadas de atuação e pesquisa dedicadas, construí uma trajetória sólida e reconhecida, sempre focada em tornar o conhecimento técnico acessível e aplicável a todos os que buscam entender e se destacar nesse campo transformador.

Minha experiência abrange consultoria estratégica, educação e autoria, além de uma atuação extensa como analista de arquitetura de informação.

Essa vivência me capacita a oferecer soluções inovadoras e adaptadas às necessidades em constante evolução do mercado tecnológico, antecipando tendências e criando pontes entre o saber técnico e o impacto prático.

Ao longo dos anos, desenvolvi uma expertise abrangente e aprofundada em dados, inteligência artificial e governança da informação – áreas que se tornaram essenciais para a construção de sistemas robustos e seguros, capazes de lidar com o vasto volume de dados que molda o mundo atual.

Minha coleção de livros, disponível na Amazon, reflete essa expertise, abordando temas como Governança de Dados, Big Data e Inteligência Artificial com um enfoque claro em aplicações práticas e visão estratégica.

Autor de mais de 150 livros, investigo o impacto da inteligência artificial em múltiplas esferas, explorando desde suas bases técnicas até as questões éticas que se tornam cada vez mais urgentes com a adoção dessa tecnologia em larga escala.

Em minhas palestras e mentorias, compartilho não apenas o valor da IA, mas também os desafios e responsabilidades que acompanham sua implementação – elementos que considero essenciais para uma adoção ética e consciente.

Acredito que a evolução tecnológica é um caminho inevitável. Meus livros são uma proposta de guia nesse trajeto, oferecendo insights profundos e acessíveis para quem deseja não apenas entender, mas dominar as tecnologias do futuro.

Com um olhar focado na educação e no desenvolvimento humano, convido você a se unir a mim nessa jornada transformadora, explorando as possibilidades e desafios que essa era digital nos reserva.

14 Como Contatar o Prof. Marcão.

14.1   Para palestras, treinamento e mentoria empresarial.

marcao.tecno@gmail.com

14.2   Prof. Marcão, no Linkedin.

https://bit.ly/linkedin_profmarcao

www.ingramcontent.com/pod-product-compliance
Lightning Source LLC
LaVergne TN
LVHW051702050326
832903LV00032B/3964